多彩贵州桥

贵州省社会科学界联合会　贵州省交通运输厅　编著

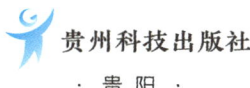

贵州科技出版社

·贵阳·

图书在版编目（CIP）数据

多彩贵州桥 / 贵州省社会科学界联合会，贵州省交通运输厅编著. -- 贵阳：贵州科技出版社，2024.5

ISBN 978-7-5532-1308-8

Ⅰ.①多… Ⅱ.①贵… ②贵… Ⅲ.①桥—文化—贵州 Ⅳ.①K928.78

中国国家版本馆 CIP 数据核字（2024）第 093985 号

多彩贵州桥
DUOCAI GUIZHOUQIAO

出版发行	贵州科技出版社
地　　址	贵阳市观山湖区会展东路 SOHO 区 A 座（邮政编码：550081）
网　　址	https://www.gzstph.com
出 版 人	王立红
责任编辑	李　青
装帧设计	刘宇昊
经　　销	全国各地新华书店
印　　刷	贵州新华印务有限责任公司
版　　次	2024 年 5 月第 1 版
印　　次	2024 年 5 月第 1 次
字　　数	326 千字
印　　张	16
开　　本	787 mm × 1092 mm　1/16
书　　号	ISBN 978-7-5532-1308-8
定　　价	68.00 元

编委会

主　　　　任：张云泓　张　胤
副　主　任：黄昌祥　李　健　张　兴
成　　　　员：刘宗严　杨　俊　许湘华　阮有力　石大为　周建华
　　　　　　　刘正发　沈恩计　萧子静　翦继军　张秋涛　李政飞
　　　　　　　张　谌　覃　菲
主　　　　编：张　兴　萧子静　张　谌

编辑部主任：黄昌祥
编辑部副主任：李政飞　鄂启科
编辑部成员：罗坤玲　宋　刚　张璐婷　赵　雄　彭　瑶　张　永
　　　　　　　邹　菊　黄　荣　沈惠恒

序

顾久

贵州是一片山原，2亿多年前的燕山造山运动，奠定了它地质地貌发育的基础；大约7000万年前开始的喜马拉雅运动，使之不断隆升与形成褶皱；300多万年前的青藏运动，山地继续抬升……亿万年来的风雨剥蚀，流水切割，最终形成一块群山簇拥、天堑纵横之地。古人叹道："天下之山聚于黔。"

原始时代，狩猎采集，这里有密林山溪、猎物野蔬、岩洞石料，算是早期人类生活的宝地。当农耕文明来临，山地破碎，鸟道崎岖，信息封闭，民众贫穷，大多困在"鸡犬之声相闻，民至老死不相往来"的小型社会里。近代以来，贵州也曾因两度战事而兴筑路修桥之举：一是清咸丰、同治时期，农民战争兴起，兵马辎重催发，曾于20年间，修筑、凿宽、连通200多条道路，其间不乏桥梁的架设；二是抗日战争前后，处于西南大后方的贵州，为保障军需，沟通前线，从1942年到1947年，全省共修筑县道6400多千米，乡道16 000多千米。不过，当时科技水平落后，材料仅限木头石块（从古至中华民国时期，贵州没有过钢筋水泥桥），难度大而成本高，甚至付出路桥工人的生命：抗战"沙八线"（从晴隆县沙子岭到册亨县八渡路），总长只有200多千米，其中仅石拱桥4座、石台木面桥9座，桥面也仅有3.6~5.7米宽，载重更是只有5~8吨。然而，据统计，参与的3万多民工有238人死于工地，几乎每1千米就倒下一条生命！

　　直到改革开放几年后的1984年，一位令人敬仰的长者自四川进入黔西北。正值严冬，路面坎坷，加上冰封凌盖，只好用马蹄缠布，骑行进入毕节。他感叹道，贵州要想方设法搞交通，要修公路、修桥，搞马车道、驮马道……后来我到毕节供职，入住洪山宾馆的苏式老建筑"中楼"。有老员工回忆：当年那位令人敬仰的长者就住你住的这一间，而且，还就是你这张床。他还含笑道：当时没有暖气，那位长者感冒发烧，只好临时买了个铁炉子（当时叫"北京炉"）。这在毕节还属稀罕物，没有配套的烟管，只好直接烧燃煤炭，待烟尘散尽，才抬进房间。后来，我见过那位令人敬仰的长者在没有烟管的铁炉子旁的一张旧照：他俯身看着地图，右手执红铅笔，在地图上画一条线——就是后来筑成的联结贵州大方与四川纳溪的"大纳路"……

翻着这本书稿,我突发奇想:如果那位令人敬仰的长者能在离开毕节四十年后重返人间,回到他很牵挂的贵州,如果我还有幸能陪同他回到洪山宾馆那间老屋,傍着那座没有烟管的北京炉,我会翻开这本书,按照本书的顺序一一为老人介绍:当今的贵州,不仅道路通畅,隧洞连绵,更成为名符其实的"桥梁博物馆";这些桥梁不仅是贵州的,而且已经获得世界的赞美;其实,贵州从古到今、从汉族到少数民族并不乏桥梁文化与智慧;现在这些大桥,支撑起了贵州的飞速发展;依托壮美的大桥和路隧,贵州的工农业、旅游业和百姓的生活都有了根本性的改变;攻克世界性的难题需要世界级的人才,一座座横空出世的贵州桥梁,不断"站"出世界新高度,"跨"出世界新纪录,我们不禁向那些世界级的桥梁建设者投以敬佩的目光,一起赞美那些造桥的英雄群体。或许,老人更能从贵州的路桥听到整个中国奋进的铿锵步伐,展望建成中国式新型现代化的壮丽未来……我想:这位长者,一定会"当惊世界殊",一定会"泪飞顿作倾盆雨",说不定,还会模拟着"萧瑟秋风今又是,换了人间",吟哦起"跨越关山今又是，换了人间"……

历史雄辩地证明，贵州交通的巨变尤其是桥梁建设取得的巨大成就，源自中国共产党的领导，源自中国特色社会主义制度，特别是源自党的十八大以来，在习近平新时代中国特色社会主义思想指引下，有关方针政策的坚决贯彻和实施。

在此，我们感谢贵州省社会科学界联合会的主持，感谢贵州省交通运输厅的积极配合，感谢为此付出心血的老作家、新作者们的辛劳，众手协力，才有了这本记录着贵州桥梁从无到有，从苦难到辉煌的好书。

是为序。

（作者系著名学者，贵州省人大常委会原副主任、贵州省文学艺术界联合会原主席、贵州省文史研究馆原馆长）

晴隆天生桥　张诗昊/摄

水城天生桥　高锡杰/摄

黎平红军桥　杨通富/摄

红旗漫卷土城桥　曹省利/摄

北盘江大峡谷上的溜索桥　龚小勇/摄

福泉葛镜桥　曹经建/摄

黎平地坪风雨桥　李贵云/摄

肇兴侗寨风雨桥　周天禄/摄

贵阳市甲秀楼浮玉桥　贵州省交通运输厅/供图

荔波小七孔桥　姚先顿/摄

铜仁梵净山天桥　李贵云/摄

六安（六枝至安龙）高速公路花江峡谷大桥（在建） 贵州省交通运输厅/供图

毕都（毕节至都格）高速公路北盘江大桥 易廷江/摄

平罗（平塘至罗甸）高速公路平塘大桥　贵州省交通运输厅/供图

贵黔（贵阳至黔西）高速公路鸭池河大桥　贵州省交通运输厅/供图

红枫湖三桥　贵州省交通运输厅／供图

镇胜（镇宁至胜境关）高速公路坝陵河大桥　贵州省交通运输厅／供图

贵金（贵阳经金沙至古蔺）高速公路金烽乌江大桥　贵州省交通运输厅/供图

纳晴（纳雍至晴隆）高速公路牂牁江大桥（在建）　贵州省交通运输厅/供图

德余（德州至余庆）高速公路乌江大桥　贵州省交通运输厅／供图

仁遵（仁怀至遵义）高速公路大发渠大桥　贵州省交通运输厅／供图

贵毕（贵阳至毕节）高等级公路六广河大桥　陈铮／摄

瓮江（瓮安至江口）高速公路白水河大桥　于文／摄

都凯（都匀至凯里）城市快速路饶家河大桥　贵州省交通运输厅／供图

纳晴高速公路六枝大桥（在建）　贵州交通建设集团有限公司／供图

龙里河大桥　贵州省交通运输厅/供图

黔织（黔西至织金）高速公路六冲河大桥　贵州省交通运输厅/供图

张弓新时代（绥阳蒲场高坊子互通式立交桥） 潘开礼/摄

贵阳市黔春立交桥　贵州省交通运输厅/供图

五龙出海（贵阳市乌当区公路铁路桥交相辉映） 贵州省交通运输厅/供图

成贵（成都至贵阳）高铁西溪河大桥 曹经建/摄

坝陵河大桥极限运动——跳伞　贵州省交通运输厅／供图

外国留学生在平塘大桥开展研学活动　贵州省交通运输厅／供图

目 录

第一章 世界"桥梁博物馆" …………… 1

第一节 "世界第一"的光环后面 …………… 3

第二节 为什么是贵州的靓丽名片 …………… 10

第三节 世界桥型遍布贵州 …………… 15

第四节 乌蒙磅礴变通途 …………… 22

第五节 世界级大桥齐聚乌江流域 …………… 31

第二章 敢与世界争短长 …………… 43

第一节 贵州桥梁的世界之最 …………… 45

第二节 贵州桥梁的荣誉勋章 …………… 53

第三节 走出去的贵州桥梁团队 …………… 59

第四节 造桥标准看贵州 …………… 64

第三章 意蕴悠远"桥文化" ········· 75

第一节 一个人与一座桥 ············ 77
第二节 一座桥与一座城 ············ 82
第三节 桥揽时代风云 ·············· 86
第四节 桥看民风民俗 ·············· 89
第五节 文化痕迹刻桥梁 ············ 95
第六节 斑驳古桥今安在 ············ 102

第四章 通江达海铁路桥 ········· 109

第一节 见证铁路建设历史风云 ······ 111
第二节 踏碎"高""难"造"提篮" ····· 120
第三节 别样"桥梁"通四海 ········· 124
第四节 插上创新的翅膀 ············ 129

第五章 美美与共新风景 ········· 133

第一节 桥也是一种"绿水青山" ····· 135

第二节　"天空之桥"奇光异彩 ············ 139

第三节　让人惊叹的"空中漫步" ············ 143

第四节　"另一半"里海阔天宽 ············ 145

第五节　两座"桥"引发遐想 ············ 151

第六章　穿山越壑造桥人 ············ **157**

第一节　精工细作创造山水间的人类奇迹 ············ 159

第二节　铸就卓越的"大国工匠" ············ 165

第三节　桥梁发展折射新时代贵州交通精气神 ··· 182

第七章　从万桥飞架看中国奋斗 ············ **185**

第一节　从万山阻隔到万桥飞架 ············ 187

第二节　万桥飞架的"三大美学"和"五大价值"

············ 198

第三节　从万桥飞架看中国奋斗的时代解读 ············ 204

第四节　打开旅游新"天窗" ············ 206

附录　贵州桥梁发展大事记	213
参考文献	225
后　记	226

第一章

世界"桥梁博物馆"

第一节 "世界第一"的光环后面

江河水阻，山际难连。两点之间，直线最短，于是，才有桥的出现。桥通路达，桥好路自宽。

书上这般诠释："桥梁，是人类文明的产物，是人类社会进步与发展的一个重要标志。从古至今，桥与人的生活、生产紧密相依，息息相关，还与战争、宗教、文化、民俗、艺术有着千丝万缕的关系。"

在贵州说到桥，价值和意义又远胜其万千。

穿越时空，回到9亿年前。那时的贵州，还是蛰伏于海洋深处一片难寻尽头的"群山"，山水一体，成为海洋生物的乐土。

始自4亿多年前，跨越2亿多年的剧烈地壳抬升，让这片"山地"终于一跃而出海面，贵州从此开门见山。

很多事情可以变，但没有谁能改变自然造化给贵州的定位——一个省，17.6万多平方千米土地上，山地和丘陵占92%以上，喀斯特地貌占比又接近70%。偌大的中国，只有贵州是没有平原的省份。苦甲天下，仿佛是千山万水给贵州规定的宿命；行路难，干什么都难。

逢山开路、遇水架桥，自然而然成为代代贵州人永不言变的执念。人们知道，只有这样才能走出制造闭锁和穷困的大山，才有可能连通山里山外的风雨阳光。

但是，贵州的"路"和"桥"，所遇见的山水却不同凡响。

贵州的山，险象万千，"峰际连天兮，飞鸟不通"。穿越的难度，外人难以想象。

贵州有湍急江河，无常变幻；更有峡谷深渊、道道天堑，悬崖壁立，虎门狼关——令人望之胆寒，并非处处听得泉水叮咚响。

贵州修路千难万难，贵州建桥更难。

因为，在贵州，无桥不成路，有桥才有路。在贵州建桥，必须接受比修路更难的挑战。这挑战，来自信心、勇气、胆略、智慧和资金、技术、自然条件等诸多方面。

为了冲破大山的羁绊，敢于接受"挑战"的贵州人，自古以来络绎不绝。

贵阳青岩宫詹桥　贵州省交通运输厅/供图

距今800多年前的宋代，在今遵义修建起了普济桥，这是贵州有文献记载最早的桥梁。

600多年前的明代，开始修建镇远祝圣桥，历经风雨劫难。20世纪初，一位颇有文采的外国人初进贵州，第一个感动了他的竟是这座古桥，他用笔记述了自己的观感。值得一提的是，近代，这座桥作为黔湘公路的一部分，构成抗战时期重要的战略物资运输线。

史册有记：明人葛镜为给乡亲邻里建桥，几次失败，誓言"桥不成兮镜不死"；学有所成的清人周起渭，回报乡梓的最好礼物，就是捐资兴建"宫詹桥"；奢香夫人为维护民族团结呕心沥血，奋力开拓彝区交通，其女侍阿笮朵妮为建"朵妮"桥，不惜奉献生命。

葛镜桥是贵州最有名的古桥之一。但是人们今天看到的桥，其实已是葛镜不屈不挠、两毁三建，在水流湍急的麻哈江上修起的第三座桥梁。古桥屹立绝壁400多年不倒，诉说着贵州和贵州人与桥共生的豪情与感叹。

来路漫漫，贵州的发展史几乎就是一部路桥史。这部历史的真正内涵，就是大自然给出多少道难题，贵州就战胜多少困难的血泪征程。

据（民国）《贵州通志》记载，到20世纪40年代，山高水长的贵州已有各类桥梁1222座。

镶嵌在贵州"九山半水半分田"中的座座老桥，宛如撒落在山野的点点星光，让人仰望，催人沉思，令人遐想。

然而，历史的局限无法改变。一代代古人为贵州建桥延续千年的艰辛付出，始终无法从根本上改变贵州交通落后、贫困闭塞的现状。古桥阅尽历史烟云，多数实用价值逐渐消退，如今只能供人欣赏、供人研究。

"俱往矣，数风流人物，还看今朝。"

贵州的桥，终于在风雨如磐中迎来伟大的嬗变。

新中国成立，贵州桥梁建设走进了真正的春天。新中国成立后的30年里，关于造桥的故事可圈可点。

创造奇迹的岁月，是改革开放40多年，尤其是党的十八大以来的10多年。这些年来，贵州发展格局愈发宏伟壮阔，贵州桥梁建设的终极目标是不仅要让贵州冲出大山，不仅要让世界拥抱贵州，更要推动贵州的发展快车穿越座座桥梁，跨越、追赶，与中国式现代化建设同步，一路高歌向前。

今天造桥，目标远不止为人们的交通提供方便，而是要把更大、更广、更深、更险的高山深谷连成一体。用长度飞跃天堑，用高度跨越沟坎，用技术战胜障碍，硬是要在没有平原、山高路远的贵州，创造出一个畅通无阻的"高速公路平原"。

决心甩掉"贫穷落后"帽子的贵州，为实现这个宏愿，不缺胆识，不缺眼光，更不缺坚如磐石的信念。靠最完美的战略谋划，最能战斗的钢铁队伍，最大胆的设计理念，最前沿的工程技术和最先进的建筑材料，在山的"汪洋大海"中，铺展开"万桥飞架"的壮丽画卷。

好山好水本是贵州的宝藏，一座座雨后春笋般出现的世界级大桥、高桥，更是贵州不可多得的宝藏。

贵州的桥，不断打破自己创造的世界纪录。

贵州的桥，将地貌复杂、气候多变的劣势点化成优势，让建设者找到可以自由驰骋的最大想象和创造空间。一个个创新成果，让人由衷赞叹。

贵州的各类公路桥梁，目前已有近3万座，雄踞在高原上约126万个山头之间，囊括了世界上所有桥型。

贵州已经建成的桥梁，创造出数十个"世界第一"：

坝陵河大桥——世界上山区第一座千米级钢桁梁悬索桥；

鸭池河大桥——世界上跨径最大的钢桁梁斜拉桥；

毕都高速公路北盘江大桥——世界第一高桥，桥面至水面560米；

水盘（六盘水至盘州）高速公路北盘江大桥——国内跨径最大的混凝土梁式桥；

赫章大桥——亚洲梁桥最高墩，墩高195米；

江界河大桥——世界上跨径最大的桁式组合拱桥，该类桥梁为贵州首创的结构形式；

⋯⋯⋯⋯

目前，世界高桥前100名中，80多座在中国，而贵州境内就有45座之多。世界高桥前十名，贵州独占3席（数据截至2024年2月）。

《中国高速公路建设实录》收录了100座特大峡谷桥梁，其中贵州就有一半。

十多年里，贵州15座桥梁，获得25项国内外大奖。

其中不可不提的是，4座贵州桥斩获素有桥梁界诺贝尔奖之称的国际桥梁大会（IBC）古斯塔夫·林德撒尔奖，而整个中国，目前也只有9座桥梁获此殊荣。平塘大桥更是一枝

兴义峰林大桥钢梁吊装　张德厚／摄

独秀,一举囊括国际桥梁大会(IBC)古斯塔夫·林德撒尔奖、国际咨询工程联合大会奖、国际桥梁与结构工程协会(IABSE)最佳基础设施奖。继港珠澳大桥之后,中国一次性包揽3项大奖的工程项目仅此1项。

在桥梁建设界,贵州具有相当重的话语权。目前贵州已发布桥梁技术指南20部,地方标准7部,申请专利17项,填补了国内外多项技术空白。

一个个世界第一,一项项国际大奖,标志着"贵州桥"展现出的中国标准、中国质量、中国速度赢得国际认可。贵州的建桥技术,已经无可争辩地处于国际先进水平,世人因此对贵州刮目相看。

今天,走在贵州的公路、铁路线上,一个惊喜连着一个惊喜。

"贵州桥"囊括了以拱桥、梁桥、斜拉桥、悬索桥为代表的当代世界所有桥型。桥桥相连、桥隧相连、桥站相连,桥上有桥、洞中有桥。峡谷水面上,三桥、四桥飞架是寻常事,甚至连车站都建在桥上,形成贵州交通大动脉上的奇观。

贵黔高速公路鸭池河大桥　梅培文/摄

难怪有省外的人到贵州游走一番，会发自内心慨叹："在贵州看山看水，更应该看桥。唯有把山、水、桥当作一体看，才算找到了欣赏贵州的钥匙。只有把贵州路和桥的作用和意义领悟了，才能找到贵州快速发展的秘诀。"

万桥飞架，贵州的名号从此打响。

万桥飞架，贵州成了当之无愧的世界"桥梁博物馆"。

这座"桥梁博物馆"里，不仅仅有耀人眼目的光环，更能饱览贵州后发赶超、跨越奋进的一路风云。

建设世界第一高桥——毕都高速公路北盘江大桥，需要穿越贵州、云南之间两个一江之隔的村庄。两个村子看似近在咫尺，其实人员往来要翻过3座大山；无论地质、气候、技术条件，建设者都面临前所未见的巨大挑战。

为什么能用5年时间保质保量完成任务？凭借的是改革开放、追赶超越的大趋势，推动力是建设队伍的意志、当地干部群众的握指成拳。当然，借力科技创新攻克技术难关是最大亮点。成功背后，是贵州誓让深山变"平原"的万丈豪情。

在贵州，每建一座大桥，都会面临许多挑战，同时也是一次不能擦肩而过的机遇。建设者的执念与执着，在茫茫群山中显现出独特的价值和力量。一座座世界级桥梁横空出世，是贵州用另一种形式发出的"追""赶""超"宣言。

花江峡谷大桥尚在建造之中，却早已预订下新的"世界第一高桥""桂冠"。峡谷纵贯80千米，即便驾着汽车，也要花2个多小时绕行40多千米，方能从山顶到达谷底。

2025年，这里将建起一座主跨跨度1420米的悬索桥。桥面到水面，距离是前所未有的625米。那时，通过这座桥，横穿峡谷只要短短的2分钟。

穿行时间大大缩减，想象空间却大大拓展。新的"世界第一高桥"即将开创贵州桥旅融合3.0版。设计者、建设者、管理者众口一言："是改革开放大潮、贵州发展大势，让我们的想象力插上翅膀。"

平塘大桥，主塔高度相当于110层高楼，被誉为"最高、最美的天空之桥"。建立在峡谷之上，远远望去，宛若3颗巨大的钻石，半隐半现在云雾缭绕的山谷中间。之所以要用桥借景生景，建设者的初衷就是"我们的作品，要满足新时代、新民众的心愿"。

还有六广河大桥、赫章大桥，还有乌蒙大桥、红水河大桥，还有六冲河大桥、阳宝山大桥……科技含量越来越高，视觉冲击效果越来越强的座座高大桥梁，如浪漫山花开满高原上的贵州，装点着展区面积最大、展品内容最丰富，充满新鲜活力的世界"桥梁博物馆"。

截至2023年底，贵州共建成公路22万多千米，其中高速公路8784千米，居全国第五位。而已建成的公路桥梁中,高速公路桥就有 15 511 座,总里程 4240 千米。从全国来看,这些数字代表的贵州成绩着实斐然。

桥,只是路中间的一小部分。而每一座桥的诞生,都让贵州增添了一条通往山外、拥抱中国和世界的奔腾动脉,都是贵州走出大山一大步的脚印。

第二节 为什么是贵州的靓丽名片

岁月留下了这样一个故事。

毕节市七星关区林口镇，地处贵州、四川、云南三省交界处，当年红军曾从这里走过。

虽然在历史上著名，但几十年前的林口镇，却穷得吓人。一次，省里一个调研组来镇上了解乡村治理情况，听说这里好多村寨夜不闭户，就去深入调查。结果才发现，因为村民一贫如洗、一无所有，才"夜不闭户"。

后来，跨河建成大桥，高速公路穿峡过岭，交通跨越带来林口镇旅游产业的兴旺发达，群众喜上眉梢。

年近96岁的侯明扬，是他那个村里唯一目睹红军经过的老人。几十年沧桑巨变，老人看在眼里，乐在心里。他说："原来不通公路，到林口赶场全靠脚走。后来有了小马路，可基本通不了车。到峡谷那边的云南、四川，没有桥，走亲戚、赶场，纯粹要走古驿道，还要坐渡船。现在不但有桥，旅游路连着高速公路，村村、组组通水泥路，轿车可以直接开到家门口。"

身体硬朗的侯明扬能吃、能走、能接电话，他中气十足地说："我还想活超过100岁，现在国家发展太好了，好到你想都想不到。我还想多活几年，看看这种好日子还要好到什么样子！"

这就是老百姓亲身感受到的"贵州桥"。

第一章　世界"桥梁博物馆"

铜仁思南双桥并列耀乌江　林国瑞/摄

这就是看得见、摸得着的从"万桥飞架"到"万物之变"。

今天的"贵州桥",既是推动贵州大踏步前进的重要物质支撑,也是见证这般伟大历史和奋斗的特别"文物"。

今天的"贵州桥",既有形又无形。有形的桥连接山川,打造"高速公路平原",串联起与外部的交流,改变人们生活的方方面面;无形的桥,是新时代贵州精神的文化符号,让人们充分了解贵州的人文和时代精神,联通世界,迎接未来。

今天的"贵州桥",既是"民生之桥""产业之桥",也是"致富之桥",更是"希望之桥"。

今天的"贵州桥",从内涵到外延都发生了巨变。人们跳出桥看桥,认定它最能综合反映贵州经济、社会和人民生活的时光穿越、沧海桑田,是最能说明贵州昨天、今天和明天的一张靓丽名片。

2023年初春时节,贵州省政府新闻办公室举办了一场别开生面的发布会,有记者问道"'贵州桥'到底怎样支持了贵州的高速公路发展?"

贵州省交通运输厅负责人的回应，像是展开了一幅壮丽的画卷——

已建成的28 000多座公路桥梁，串联起贵州近22万千米公路，搭建起总里程8784千米的"高速公路平原"；形成了2小时覆盖"黔中经济圈"，4小时通达全省，7小时到达周边省会城市的"高速公路交通圈"。千沟万壑的贵州，实现了从"西南地理枢纽"到"西南陆路交通枢纽"的历史性跨越；成为"一带一路""长江经济带战略"和连接粤港澳大湾区的重要通道，为构建内陆开放型经济新高地奠定了坚实基础。

万桥飞架，大道纵横，让贵州敞开了大门——与全国发展融合得更紧密，步调更一致，贵州经济社会高质量发展，新型工业化、新型城镇化、农业现代化、旅游产业化，"四个轮子"转得更快。

桥梁跨越了千百年来横亘山间的天然阻隔，极大提高了出行效率，实实在在助推边远贫困地区民生改善、产业发展。便利的交通条件，大大降低了黔货出山的成本。

"贵州桥"为什么会成为一张靓丽名片？曾经贵州交通最落后、经济发展缓慢的毕节市干部群众有自己的说法：

万桥飞架，带来区位之变

北接四川的厦蓉高速公路赤水河大桥、西连云南的毕都高速公路北盘江大桥、东至贵阳的贵黔高速公路鸭池河大桥，一座座高桥、长桥，让毕节成为西部陆海新通道西线重要节点城市，西南地区区域性综合交通枢纽。

万桥飞架，带来观念之变

以桥为代表的交通基础设施建设大发展，激励毕节人敢与强的比、敢向高的攀、敢同勇的争、敢跟快的赛。从"探出路"到"闯新路"，从建设"实验区"跃向建设"示范区"，毕节越来越自信、自立和自强。

万桥飞架，带来经济之变

毕节试验区建立以来，创造了桥梁道路建设的奇迹，也创造了经济发展的奇迹。全市公路通车里程从4770千米增加到34 244千米。生产总值更是从23.4亿元，增长到2207亿元，位居全省前三。

人们看见的"贵州桥"，不再是通常意义的桥。

它们是贵州打造内陆开放新高地的地标。

贵州不沿边、不沿江、不沿海，有了足够的桥路相连，才得以实现东、西、南、北四个方向的连接。向北连成渝,向东接长三角,向西经云南通往东盟国家,向南直插粤港澳大湾区和北部湾。有此连接,贵州发展格局大变。

"贵州桥"是新时代贵州精神的生动写照。

万桥飞架的背后,是贵州人"筑路意志坚,扛起大路上青天"的豪迈情怀,是贵州人"山硬不如骨头硬,塔高不如志气高"的英雄气魄和"团结奋进、拼搏创新、苦干实干、后发赶超"的新时代贵州精神。万山丛中的座座桥梁,真实可信地诠释着"贵州缩影""贵州样板""贵州道路"的丰富内涵。

"贵州桥"还是贵州交旅深度融合的经典范例。

桥梁本身就是有了不起的景观价值。桥梁结构充满力学之美。一俟与周边环境和谐共生,更是成为一道独特又震撼人心的美丽风景线。

鸭池河大桥结构美　李进/摄

  利用桥体设施，可以增加大秋千、蹦极、跳伞、攀岩、竞速跑步、空中漫步、玻璃栈道、观光电梯、塔顶水吧等极限运动和旅游项目，满足旅客多方面需求。桥梁建设服务区也能形成综合旅游价值。集住宿、餐饮、观光、休闲、露营、科普、研学于一体，拓展服务区旅游功能，创造新的消费业态，还能带动地方其他景区开放。

  桥梁，已经成为贵州的鲜亮标志。

  这张靓丽名片，在风雨阳光之下熠熠生辉，让人遐想无限。

第三节　世界桥型遍布贵州

在贵州，你几乎可以见到世界上所有类型的桥。

拱　桥

拱桥是历史久远，最成熟、最常用的桥梁类型。

古时的贵州人，依托特殊地理环境，利用随处可见的石头，让石拱桥成为随处可见的桥。今天，我们踏上福泉葛镜桥、铜仁三元桥、镇远祝圣桥、贵阳太慈桥、马场大河桥这些旧时留下的石拱桥，在感叹岁月流逝之余，不得不赞叹前人可敬可佩的智慧和创造精神。

贵州新近建成和正在建设的公路拱桥，则又有钢筋混凝土拱桥、劲性骨架混凝土拱桥、钢管混凝土拱桥及钢桁梁拱桥之分。人们根据跨径选择桥型。

贵州现代拱桥，任选几例，也能叫人拍案赞叹。

江界河大桥

此桥位于瓮安江界河风景区内，跨越乌江震天河峡谷，为混凝土桁式组合拱桥，1995年建成。主跨跨度330米，桥高263米，全长461米，居世界混凝土桁式桥梁之首，为中国原创桥型。获国家科技进步二等奖和中国建设工程鲁班奖。同时，还是一个新的重要景点。

世界上最大跨径桁式组合拱桥——江界河大桥　陈沛亮/摄

梁　桥

梁桥俗称板凳桥，在两排柱子顶上搭上梁板承重，是贵州数量最多的桥型。

古代贵州梁桥所用材料，多为木、石、竹、藤等天然材料，建成的桥跨度较小，强度很低。

钢桁架桥跨越能力大，为早期大跨度梁桥桥型。钢混组合梁桥在贵州也有很久历史，近年来较多的是预应力混凝土连续刚构特大桥。

梁桥受力明确、结构简单、易于施工，便于养护、维修和更换物件，地形适应性好。贵州在桥梁建设进程中不断创新，把预应力混凝土刚构桥跨径从200米提升到300米，解决了一系列世界性难题，已在全国多地推广。

纳晴高速公路六枝大桥

正在建设中的这座桥梁，位于六盘水市六枝特区中寨乡箐脚村，主跨采用五跨预应力混凝土空腹式连浇刚构，全桥长度2023.5米，主桥空腹式刚构桥箱梁宽度为16.55米，3个主跨跨度均为320米，墩高为196米。穿云破雾、穿山越壑，六枝大桥"站"得高，"跨"得远。它的主桥墩高度、单跨跨径、主桥长度3项指标，目前在同类型空腹式连续刚构梁桥中排名世界第一。采用这样多跨连续预应力混凝土空腹式连续刚构梁结构形式为国内外首次。

纳晴高速公路六枝大桥（在建） 贵州交通建设集团有限公司／供图

斜拉桥

当跨径达到200~800米，又面对地质条件较差的高宽沟谷、河流，不宜建设梁桥和拱桥时，斜拉桥就是首选方案。

斜拉桥看似一把撑开的大伞，中间塔柱上安装的斜向拉索直接把桥面拽起来。目前的世界第一高桥毕都高速公路北盘江大桥就属于斜拉桥。

平罗高速公路平塘大桥

此桥位于平塘牙舟与罗甸通州之间。中塔总高332米，两岸边塔总高分别为320米和298米。建造者结合地形、地质、环保等实际，首次采用造型优美的空间钻石形索塔，建造了世界第一高混凝土桥塔，被称为当今"最高、最美"的空间索塔。此桥有"天空之桥"的美誉，获国际桥梁大会（IBC）古斯塔夫·林德撒尔奖等多项国内外大奖。

平罗高速公路平塘大桥　吕志云 / 摄

都安高速公路云雾大桥

都安（都匀至安顺）高速公路云雾大桥位于贵定云雾镇境内，全长1720米，每个主

第一章　世界"桥梁博物馆"

塔布有 19 对空间索，目前在"H"形索塔高度中居世界第一。2018 年 7 月开工，2021 年 6 月建成通车。

都安高速公路云雾大桥　尹刚/摄

悬索桥

悬索桥旧称吊桥，由 2 座主塔悬吊 1 根主缆承重。

悬索桥是跨越能力最强的桥型。贵州峡谷深且宽，许多桥梁都因桥面与峡谷底高差大，最终采用悬索桥跨越峡谷的方案。悬索桥是贵州在复杂地质条件下，修建跨越大峡谷特大桥梁的首选方案，经过多年积淀，体现出众多特色，展现出浓厚的创新色彩。

江习古高速公路赤水河红军大桥

此桥位于习水县习酒镇，跨越赤水河，连通四川江津经习水至四川古蔺的高速公路，为主跨跨度 1200 米钢桁梁悬索桥，2019 年 12 月建成通车。索塔高 243.5 米，建成时为世界山区悬索桥第一高塔、第二大主跨。

江习古高速公路赤水河红军大桥　贵州省交通运输厅/供图

兴义环城高速公路峰林大桥

此桥跨越马岭河峡谷，主跨跨度550米，是国内山区首座钢桁—混凝土组合悬索桥。2018年3月开工建设，2020年9月顺利合龙。

兴义环城高速公路峰林大桥　贵州省交通运输厅/供图

一座座桥，一条条路，让贵州人有了全新的生活体验。

一座座桥，一条条路，给外省人带来关于贵州的无数惊奇和欣喜。

贵州桥梁气势磅礴，缤纷多彩。徜徉于贵州桥，收获的不仅仅是美丽。贵州桥在延伸，直通贵州发展的诗和远方。

第四节 乌蒙磅礴变通途

北盘江发源于云南省曲靖市沾益区乌蒙山脉马雄山的西北坡，主要一级支流有拖长江、可渡河、乌都河、巴郎河、月亮河、西泌河、麻沙河、打帮河、红辣河、大田河、者楼河、望谟河等，主要二级支流有乌图河、花得河、大桥河、桂家河、王二河、坝陵河、丫杈河、纳容河等，形成了河多桥多的奇观。当年红军"乌蒙磅礴走泥丸"，如今"天堑变通途"惊世人。

古驿道上的竹塘河古桥

此桥位于黔西南州晴隆县花贡镇。桥长11.35米，宽4米，从水面至桥面高8.3米。桥为单跨，呈拱形，均由青石筑成，造型古朴，结构坚固。原桥头立有石碑4块，其中3块早已不存，仅存1块字迹依稀可辨，记载了当地捐资建桥的人员名，组织、设计、施工者已无从查考。

古驿道上的竹塘河古桥　贵州省交通运输厅/供图

水城欧场村毛虫河竹竿桥

此桥位于六盘水市水城区花戛乡欧场村，距市区150千米，建于北盘江支流的毛虫河上，清道光年间（1821—1850年）始建。此桥是用竹竿、葛藤绑扎而成，悬系拉架于两大榕树之间，故名竹竿桥。桥跨度20米，宽1.5米，高15米。整座桥清新、奇险而别致。青山峡谷、碧水绿荫、竹竿、河流构成

水城欧场村毛虫河竹竿桥
贵州省交通运输厅/供图

一道美丽而特异的风景线。

册三公路桑郎七星桥

七星桥位于望谟县桑郎镇的桑郎寨东，横跨桑郎河，始建于清道光三年（1823年），由群众捐资献劳，雇请工匠修建。桥长62米，宽7米，为七孔石桥，故称"七星桥"。现为册三（册亨至三江）公路桥。

册三公路桑郎七星桥　贵州省交通运输厅／供图

花江铁索桥

花江铁索桥横跨于安顺市关岭自治县与黔西南州贞丰县之间的北盘江花江段上，由14根粗大铁链拼拉而成，上铺木板作桥面，全长70余米，宽3米，下距正常水面约15米。建桥历经四载，三建两毁，几易其地，方于清光绪二十七年（1901年）落成。

花江铁索桥　贵州省交通运输厅／供图

水城高家渡铁索桥

六盘水市水城区高家渡铁索桥又名普济桥，横跨北盘江。铁索桥建成于清光绪三十三年（1907年），至今已有百余年历史。作为文物保护单位，其价值在于铁索桥建造的工艺和难度。铁索桥长79.6米，宽3米，桥身由17根铁索组成，每根铁索又由287只椭圆形的锁链相扣而成，造型美观，气势雄伟。

1998年，水盘公路桥建成后，高家渡铁索桥逐渐不再使用，成为一道景观横跨北盘江上。

水城高家渡铁索桥　贵州省交通运输厅/供图

安龙龙山红军桥

位于黔西南布依族苗族自治州（简称黔西南州）安龙县龙山镇。据考证，该桥建于清末，因红军长征经过此桥，故名"红军桥"。为了保护"红军桥"，当地在各级政府的支持下，在"红军桥"边另建一座宽4.5米，跨度11米，能保证载重20吨以上汽车通过的石拱桥。

盘江铁索桥

盘江铁索桥，旧称盘江铁桥、盘江桥，又称铁索桥、铁桥，位于今晴隆县光照镇东方红村半坡塘寨与关岭布依族苗族自治县（简称关岭自治县）新铺镇大坪村西3千米的北盘江上，是贵州最早修建的铁索桥。桥身由33根铁链组合而成；桥面用24根铁链并列，上铺木方；左、右两侧各有6根铁链作扶手；东、西两岸建有碟楼，可以启闭。

2013年，国务院公布盘江铁索桥和

盘江铁索桥　贵州省交通运输厅/供图

盘江古驿道为全国第七批重点文物保护单位"茶马古道"重要附属文物点之一。2014年，由于位于下游的马马崖电站蓄水后将淹没老桥，故在原址加高桥墩和桥身，此桥整体提升15米，得到了更好的保护。

江上桥（盘关镇"红军桥"）

位于盘州市盘关镇机关居委会的江上桥，地处盘关居委会与长山村之间的拖长江上，右侧为河岸高地，左侧为居民住宅区，占地面积140平方米。

江上桥（盘关镇"红军桥"）
贵州省交通运输厅／供图

关兴公路北盘江大桥

该桥是一座悬索式高架公路桥，位于贞丰县与关岭自治县交界的北盘江上，横跨北盘江，是关兴（关岭至兴义）高等级公路上的"咽喉"。该桥长388米，高366米，于2003年12月28日建成通车。

关兴公路北盘江大桥　陈恩光／摄

纳晴高速公路乌蒙山大桥

乌蒙山大桥是纳晴高速公路的重点工程，主桥跨径270米，左幅桥全长491.5米，右幅桥全长511.5米。大桥建成后将成为世界第一座大跨度钢桁—混凝土组合拱桥，标志着山区大跨度钢桁—混凝土组合拱桥的施工技术体系的形成，推动施工技术体系在山区的应用，将丰富200~400米跨径的桥梁结构类型，具有里程碑意义。

纳晴高速公路乌蒙山大桥（在建）
贵州省交通运输厅／供图

纳晴高速公路牂牁江大桥

牂牁江大桥是纳晴高速公路的重点工程，全长1849米，主桥结构形式为双塔单跨钢桁梁悬索桥。大桥主跨跨度1080米，桥面距江面最高距离380米，桥梁高度在世界百座高桥中排名第11位。此桥建成后，两岸路程将由现在的1小时缩短为1分钟。该桥主缆、吊索、引桥及主桥钢梁等重要部件均为贵州本土企业加工制造，第一次实现了从下构到上构全结构的"纯贵州造"。

纳晴高速公路牂牁江大桥（在建） 贵州省交通运输厅／供图

第一章　世界"桥梁博物馆"

水盘高速公路北盘江大桥

水盘高速公路北盘江大桥位于六盘水市水城区发耳镇和营盘乡交界处，桥长1261米，墩高170米，是水盘高速公路的关键性工程。大桥跨越北盘江大峡谷，主跨跨度290米，为空腹式预应力混凝土连续刚构，规模庞大、结构复杂，结构形式为世界首创。

水盘高速公路北盘江大桥　张家裕/摄

毕都高速公路北盘江大桥

毕都高速公路北盘江大桥坐落于云南宣威与贵州水城交界处，横跨云、贵两省，全长1341.4米，桥面到谷底垂直高度565米，为目前世界第一高桥。

多·彩·贵·州·桥

毕都高速公路北盘江大桥　贵州省交通运输厅/供图

镇胜高速公路北盘江大桥

此桥位于黔西南州晴隆县境内,是沪昆高速公路贵州境镇宁至胜境关段上的一座大桥,为单跨钢桁加劲梁悬索桥。大桥全长1020米,主跨跨度636米,桥面距江面320米。此桥获贵州省"黄果树杯优质施工工程"奖。

镇胜高速公路北盘江大桥　贵州省交通运输厅 / 供图

水黄公路阿志河大桥

水黄公路（六盘水至黄果树）公路阿志河大桥是一座薄板型预应力混凝土加劲板梁悬索桥，桥长 428 米，主跨跨度 283 米，主梁宽 15 米，梁板厚 0.6 米，桥面距水面 247 米。该桥结构为我国所独创：悬索桥两个主塔设计修建在岩盘稳定、施工容易的山谷两岸，不用在深沟谷中修建超高桥墩。通过悬空缆索悬挂架设主梁，使原本复杂、艰难的工程变得更加容易操作，从而达到提升工程质量、节省工程造价的目标。

水黄公路阿志河大桥　古磊 / 摄

汕昆高速公路马岭河大桥

此桥位于兴义市顶效经济开发区。大桥全长 1385 米,主跨跨度 360 米,最高塔高 196 米,是目前贵州省内建成的第一座——也是最大的——三跨预应力混凝土双塔双索面斜拉桥。大桥西起兴义东互通,跨越著名的国家 AAAA 级风景区——马岭河峡谷,东至义龙西互通,是汕昆高速公路控制性工程之一。

汕昆高速公路马岭河大桥　贵州省交通运输厅 / 供图

第五节　世界级大桥齐聚乌江流域

乌江，长江上游南岸最大支流，贵州第一大河，发源于贵州西部乌蒙山东麓，横贯贵州中部及东北部，至沿河洪渡向北约15千米处进入重庆，至涪陵汇入长江，全长约1050千米。

乌江流域跨云、贵、渝、鄂四省（市）的46个县（区、市），包括贵州毕节、六盘水、安顺、贵阳、遵义、铜仁和重庆涪陵等地。旧时曾有"横走天下路，难过乌江渡"的说法。为打破这一阻碍贵州经济发展的"瓶颈"，不肯向困难低头的贵州人民在江上建造起一座座桥梁。

毕威高速公路赫章大桥

此桥位于毕威（毕节至威宁）高速公路赫章段，横跨乌江支流六冲河，总长1088米，由17个桥墩支撑在近200米的高空，以11号主桥墩195米的高度享誉世界。大桥于2010年6月开工建造，2013年3月竣工。大桥连接大山，大路连接幸福。

毕威高速公路赫章大桥　贵州省交通运输厅／供图

杭瑞高速公路总溪河大桥

此桥位于毕节市纳雍县境内的总溪河上，全长928米，主拱跨径360米，桥面距河面270米。大桥作为贵州深山峡谷地区特大跨度上承式钢管混凝土拱桥的先行范例，是我国第一座采用栓焊节点的钢管混凝土桁式拱桥。项目组通过研发新型栓焊节点，解决了山区运输不便、场地狭窄、钢管混凝土脱粘等问题，为贵州乃至西南山区钢管混凝土拱桥的建设和技术创新做出了开拓性贡献。2018年，总溪河大桥荣获2016—2017年度国家公路建设最高质量奖——李春奖。

杭瑞高速公路总溪河大桥　曹经建/摄

黔织高速公路六冲河大桥

六冲河大桥创造了多个首次：国内首次进行砼斜拉桥抗裂精细化设计研究，研究成果达到国际领先水平，成果被成功应用于设计中，取得良好效果，避免了国内类似桥梁施工期间所发生的裂缝问题；国内首次进行砼斜拉桥数字化、网络化施工管理模型研究，方便了施工管理，有利于长期保存施工资料，便于满足运营后的养护维修对施工期资料的需求；国内首次进行砼斜拉桥抗裂精细化设计研究；国内首次进行砼斜拉桥数字化、网络化施工管理模型研究；国内首次将C60山砂混凝土运用于大跨度砼拉桥等。

第一章 世界"桥梁博物馆"

贵毕高速公路西溪大桥

此桥位于毕节境内,桥梁横跨西溪河"U"形陡崖河谷,为简支悬索桥,全长658米,主跨跨度338米,塔柱高41.6米,于2001年建成通车,2004年获贵州省"黄果树杯"优质工程奖。大桥飞架在西溪河两岸悬崖峭壁之上,雄伟壮观,在奢香古驿上见证着毕节交通的发展变化。

贵毕高速公路西溪大桥　汪义康／摄

杭瑞高速公路抵母河大桥

此桥位于水城县董地乡东北约2千米处的抵母河峡谷。大桥全长881.5米，主桥采用538米单跨钢桁梁悬索桥，于2012年9月开工建设。大桥在悬索桥主缆材料中全部使用镀锌铝合金钢丝，提高了大桥主缆的防腐蚀性能，这在国内尚属首次。同时，项目组还研发专用空中旋转吊具，通过调整主塔的结构尺寸合理控制主塔刚度，确保主塔受力安全，为山区不对称地形下悬索桥主塔的设计提供了新的借鉴。

杭瑞高速公路抵母河大桥　龚小勇／摄

仁望高速公路夜郎湖大桥

仁望（仁怀至望谟）高速公路夜郎湖大桥位于安顺市普定县城关镇和坪上镇交界处，跨越夜郎湖。大桥北起坪上镇，南至城关镇，全长391.4米，于2018年8月31日建成通车，建成时为国内最大跨径单箱单室悬臂浇筑混凝土拱桥。

夜郎湖三桥交相辉映　贵州省交通运输厅/供图

贵黔高速公路鸭池河大桥

此桥位于毕节市黔西市乌江源百里画廊景区。大桥全长1450米，主跨跨度800米。主桥采用双塔双索面半漂浮体系的混合梁斜拉桥结构，钢桁梁钢材使用量达16 500余吨。主塔采用"H"形索塔，贵阳岸塔高243.2米，黔西岸塔高258.2米。大桥先后

贵黔高速公路鸭池河大桥　贵州省交通运输厅/供图

荣获2017年度中国公路学会科学技术奖一等奖、中国交建2017年度科学技术进步二等奖，2018年6月荣获有"国际桥梁界诺贝尔奖"之称的第35届国际桥梁大会最高奖——国际桥梁大会（IBC）古斯塔夫·林德撒尔奖。

贵黄高等级公路花鱼洞大桥

此桥位于红枫湖风景名胜区和一级饮用水源保护区，是贵州首座"提篮"式公路桥。大桥跨越红枫湖，建设环境敏感度极高，全长270米，于2019年2月20日开工，2021年6月29日建成通车。先后获得11项国家专利技术、1项省级工法，其"边建边拆"的改建方式属国内首创，是山区桥梁改建的典范。

贵黄高等级公路花鱼洞大桥　　陈林/摄

息黔高速公路六广河大桥

息黔（息烽至黔西）高速公路六广河大桥位于黔西市六广河风景名胜区之上，横跨六广河。大桥主跨跨度580米，为贵州省内叠合梁斜拉桥最大跨径；全长1280米，桥面距离河面375米，建成时为世界最高桥梁之一。2019年，荣获2018—2019年度李春奖。蜿蜒起伏的六广河上，桥梁飞架于碧波之上，恰似长虹卧波。

息黔高速公路六广河大桥　　龚小勇/摄

渝筑高速公路楠木渡乌江大桥

渝筑（重庆至贵阳）高速公路楠木渡乌江大桥位于贵阳市开阳县与遵义市播州区交界处，由北往南横跨乌江，建成时为乌江上最宽的斜拉桥。大桥全长958米，主跨跨度320米，桥宽37.6米，为双塔双索面预应力砼斜拉桥。

渝筑高速公路楠木渡乌江大桥　贵州省交通运输厅 / 供图

贵瓮高速公路清水河大桥

此桥位于贵阳市开阳县与黔南布依族苗族自治州（简称黔南州）瓮安县之间，是贵瓮（贵阳至瓮安）高速公路的组成部分，为世界最大单跨板桁结合加劲梁悬索桥。

贵瓮高速公路清水河大桥　刘叶琳 / 摄

贵毕高等级公路六广河大桥

此桥位于贵阳市修文县与毕节市黔西市交界处，以297米的高度成为建成时世界第一高桥梁，成功刷新美国科罗拉多州290米高的皇家峡谷大桥保持了72年之久的世界纪录，曾被誉为"亚洲第一峡谷高桥"。大桥长564.2米，于1999年11月开工，2001年10月竣工，2004年获贵州省优质施工工程奖和贵州省科学技术进步奖一等奖。

贵毕高等级公路六广河大桥
贵州省交通运输厅/供图

贵金高速公路金烽乌江大桥

此桥位于贵阳市息烽县九庄镇与毕节市金沙县化觉镇交界处，为贵州省内第一座采用预制索股法施工的超宽（六车道）钢桁梁悬索桥。大桥长1 473.5米，横跨乌江两岸，跨度长达650米，桥面距河面230米；于2023年荣获第十五届"中国钢结构金奖"。

贵金高速公路金烽乌江大桥　贵州省交通运输厅/供图

湄石高速公路河闪渡乌江大桥

湄石（湄潭至石阡）高速公路闪渡乌江大桥位于铜仁市石阡县与遵义市凤冈县交界处，横跨乌江，在国内同类型桥梁建设中首次采用了北斗卫星定位技术，实现了系统的智能化控制和信息化管理，是一座全长2000米、主跨跨度680米的单跨钢桁梁悬索桥，桥面距水面297米。

第一章 世界"桥梁博物馆"

湄石高速公路河闪渡乌江大桥　贵州省交通运输厅 / 供图

姬昌桥

此桥位于清毕公路上，建于清道光十七年（1837年）。原为13孔，1934年清毕公路通车，改为公路桥，增加2孔（为15孔），跨径4.7~7米不等，全长132米。

姬昌桥　李贵云 / 摄

德余高速公路乌江大桥

此桥位于思南、石阡、凤冈三县交界处，是德余高速公路的重要控制性工程。大桥全长1834米，主桥结构新、精度严，施工难度居世界同类型桥梁前列。

德余高速公路乌江大桥建设工地水上吊装现场　贵州省交通运输厅/供图

遵余高速公路飞龙湖大桥

位于湄潭和余庆之间的遵余（遵义至余庆）高速公路飞龙湖大桥，横跨构皮滩水电站建成蓄水后形成的人工湖泊飞龙湖国家湿地公园，宛如一条碧波之上的"红色巨龙"，桥面距水面约300米。大桥全长1240米，主跨跨度680米；主桥钢梁采用正交异性桥面板与钢桁梁拼装后整体吊装施工工艺，属国内首例。

遵余高速公路飞龙湖大桥　贵州省交通运输厅 / 供图

瓮开高速公路开州湖大桥

此桥位于贵阳市开阳县境内，横跨洛旺河峡谷，桥面距湖面 250 多米，全长 1257 米，主跨跨度 1100 米，为双塔单跨钢桁梁悬索桥，是亚洲第四大山区峡谷类型悬索桥。

在瓮开（瓮安至开阳）高速公路开州湖大桥服务区，可以看见：洛旺河峡谷碧水与蓝天两相映照，而在此之间是蓝白相间的开州湖大桥。大桥横跨两岸、索塔高耸，在云雾之间泰然坐落。

瓮开高速公路开州湖大桥　金林文 / 摄

贵黄高速公路阳宝山大桥

此桥位于黔南州贵定县新巴镇和德新镇之间。大桥全长1112米，主跨跨度650米，为单跨钢桁梁悬索桥。大桥率先在国内采用了"空中纺线法"来架设主缆，该工艺可以有效解决运输条件差的山区悬索桥和超大跨径（2000米以上）、连续大跨径悬索桥主缆架设难题。该项技术突破性地获得了20多项技术专利。2022年，阳宝山大桥荣获首届"桥梁工程创新奖"二等奖。

贵黄高速公路阳宝山大桥　贵州省交通运输厅/供图

第二章

敢与世界
争短长

第一节 贵州桥梁的世界之最

吊拉组合桥

世界上第一座吊拉组合桥——贵遵高速公路乌江特大桥,1997年建成。

贵遵高速公路乌江特大桥 贵州省交通运输厅/供图

悬索桥

建成时为世界上最大单跨板桁结合加劲梁悬索桥、亚洲第一的山区双塔单跨钢桁悬索桥——贵瓮高速公路清水河大桥，2015年建成。

贵瓮高速公路清水河大桥　贵州省交通运输厅/供图

在建世界第一高桥、跨径最大的山区悬索桥——六安高速公路花江峡谷大桥，预计2025年建成。

六安高速公路花江峡谷大桥　贵州省交通运输厅/供图

斜拉桥

世界上最大跨径钢桁梁斜拉桥——贵黔高速公路鸭池河大桥，2016年建成。

贵黔高速公路鸭池河大桥　薛永江／摄

世界上首座大跨径非对称混合式叠合梁斜拉桥——惠罗（惠水至罗甸）高速公路红水河大桥，2016年建成。

惠罗高速公路红水河大桥　贵州省交通运输厅／供图

已建桥梁中世界第一高桥、世界大跨径钢桁梁斜拉桥排名第二的大桥——毕都高速公路北盘江大桥，2016年建成。

毕都高速公路北盘江大桥　龚小勇/摄

世界第一高桥塔、山区第一座三塔斜拉桥——平罗高速公路平塘大桥，2019年建成。

平罗高速公路平塘大桥　燕春/摄

第二章 敢与世界争短长

世界第一高"H"形索塔——都安高速公路云雾大桥，2021年建成。

都安高速公路云雾大桥　杨通富／摄

拱　桥

世界上跨径最大的上承式钢管拱桥——平罗高速公路大小井大桥，2018年建成。

平罗高速公路大小井大桥　卫春明／摄

建成时为世界上跨径最大的上承式钢管混凝土拱桥——德余高速公路乌江大桥，2023年建成。

德余高速公路乌江大桥　Fabio Nodari／摄

世界首创大跨钢桁腹杆-混凝土组合拱式结构体系——纳晴高速公路乌蒙山大桥，在建，预计2025年建成。

纳晴高速公路乌蒙山大桥（在建）　马廷阳／摄

第二章 敢与世界争短长

世界上已建成的跨径最大的砼拱桥——沪昆高铁北盘江特大桥，2016年建成。

沪昆高铁北盘江特大桥　尹刚／摄

建成时为世界上跨度最大的单线铁路拱桥、国内首座铁路钢管混凝土拱桥——水柏铁路北盘江大桥，2001年建成。

水柏铁路北盘江大桥　聂康／摄

梁 桥

世界首创空腹式连续性刚构桥，跨度亚洲第一——水盘高速公路北盘江大桥，2015年建成。

水盘高速公路北盘江大桥　贵州省交通运输厅/供图

世界上跨径最大、墩高最高、连续联长最大的混凝土梁桥——纳晴高速公路六枝大桥，在建，预计2025年建成。

纳晴高速公路六枝大桥（在建）　潘先阳/摄

第二节　贵州桥梁的荣誉勋章

国际桥梁大会（IBC）古斯塔夫·林德撒尔奖（4项）

毕都高速公路北盘江大桥，2016年建成，为主跨跨度720米钢桁梁悬索桥，世界第一高桥，建成时为世界第二大跨径钢桁梁斜拉桥，2018年荣获国际桥梁大会（IBC）古斯塔夫·林德撒尔奖。

贵黔高速公路鸭池河大桥，2016年建成，为主跨跨度800米钢桁梁悬索桥，建成时为世界最大跨径钢桁梁斜拉桥，世界高桥排名前十，2018年荣获国际桥梁大会（IBC）古斯塔夫·林德撒尔奖。

平罗高速公路平塘大桥，2019年建成，世界第一高混凝土桥塔、山区第一座三塔斜拉桥，跨径布置（249.5+2×550+249.5）米三塔钢混组合梁斜拉桥，2021年荣获国际桥梁大会（IBC）古斯塔夫·林德撒尔奖。

贵黄高等级公路花鱼洞大桥，2021年建成，为主跨跨度180米中承式钢管混凝土提篮拱桥。项目组将旧桥拆除与新桥重建完美结合，创造性地提出"旧桥建新拱，新拱拆旧桥"的建设思路，形成了"新拱拆旧桥成套施工技术"。此桥2022年荣获国际桥梁大会（IBC）古斯塔夫·林德撒尔奖。

花鱼洞大桥　贵州省交通运输厅／供图

国际桥梁与结构工程协会（IABSE）最佳基础设施奖（1项）

平罗高速公路平塘大桥，2019年建成，世界第一高混凝土桥塔、山区第一座三塔斜拉桥，跨径布置（249.5+2×550+249.5）米三塔钢混组合梁斜拉桥，2022年荣获国际桥梁与结构工程协会（IABSE）最佳基础设施奖。

平罗高速公路平塘大桥　岑龙武/摄

国际咨询工程师联合会（FIDIC）特别优秀奖（2项）

毕都高速公路北盘江大桥，2016年建成，为主跨跨度720米钢桁梁悬索桥，世界第一高桥，建成时为世界第二大跨径钢桁梁斜拉桥，2019年荣获国际咨询工程师联合会（FIDIC）特别优秀奖。

平罗高速公路平塘大桥，2019年建成，世界第一高混凝土桥塔、山区第一座三塔斜拉桥，跨径布置（249.5+2×550+249.5）米三塔钢混组合梁斜拉桥，2021年荣获国际咨询工程师联合会（FIDIC）特别优秀奖。

国家科技进步奖（2项）

剑河大桥，主跨跨度150米，1985年建成，建成时为国内跨径最大的桁式组合拱桥。该类桥梁为贵州桥梁在国内首创的结构形式，1988年荣获国家科技进步三等奖。

江界河大桥，1995年建成，主跨跨度330米，为世界上跨径最大的桁式组合拱桥。该类桥梁为贵州桥梁在国内首创的结构形式，1997年荣获国家科技进步二等奖。

中国建设工程鲁班奖（国家优质工程）（5项）

水盘高速公路北盘江大桥，2015年建成，为世界上第一座空腹式连续刚构桥〔跨径布置（220+290+220）米空腹式连续刚构桥〕，建成时为国内跨径最大的混凝土梁式桥，2017年荣获中国建设工程鲁班奖。

镇胜高速公路坝陵河大桥，2009年建成，为主跨跨度1088米钢桁梁悬索桥，建成时为国内钢桁梁悬索桥最大跨径，2017年荣获中国建设工程鲁班奖。

镇胜高速公路坝陵河大桥　吴启松／摄

思剑（思南至剑河）高速公路乌江大桥，2013年建成，主跨跨度220米，为大跨径连续刚构桥，2015年荣获中国建设工程鲁班奖。

沿德（沿河至德江）高速公路马蹄河大桥，2015年建成，主跨跨度180米，建成时为贵州省内跨径最大的悬浇拱桥，2017年荣获中国建设工程鲁班奖。

平罗高速公路平塘大桥，2019年建成，世界第一高混凝土桥塔、山区第一座三塔斜拉桥，跨径布置（249.5+2×550+249.5）米三塔钢混组合梁斜拉桥，2023年荣获中国建设工程鲁班奖。

沿德高速公路马蹄河大桥　贵州省交通运输厅/供图

中国土木工程詹天佑奖（2项）

江界河大桥，1995年建成，主跨跨度330米，为世界跨径最大的桁式组合拱桥。该类桥梁为贵州桥梁在国内首创的结构形式，2000年荣获中国土木工程詹天佑奖。

水盘高速公路北盘江大桥，2015年建成，世界上第一座空腹式连续刚构桥［跨径布置（220+290+220）米空腹式连续刚构桥］，建成时为国内跨径最大的混凝土梁式桥，2017年荣获中国土木工程詹天佑奖。

李春奖（公路交通优质工程奖）（8项）

江界河大桥，1995年建成，主跨跨度330米，为世界跨径最大的桁式组合拱桥。该类桥梁为贵州桥梁在国内首创的结构形式，1998年荣获李春奖。

思剑高速公路乌江大桥，2013年建成，主跨跨度220米，为大跨径连续刚构桥，2017年荣获李春奖。

毕都高速公路总溪河大桥，2015年建成，主跨跨度360米，为上承式钢管混凝土拱桥，建成时为贵州省内跨径最大的拱桥，2017年荣获李春奖。

水盘高速公路北盘江大桥，2015年建成，世界上第一座空腹式连续刚构桥［跨径布置（220+290+220）米空腹式连续刚构桥］，建成时为国内跨径最大的混凝土梁式桥，2017年荣获李春奖。

毕都高速公路总溪河大桥　贵州省交通运输厅/供图

毕都高速公路北盘江大桥，2016年建成，主跨跨度720米，为钢桁梁悬索桥，建成时为世界第一高桥、世界第二大跨径钢桁梁斜拉桥，2019年荣获李春奖。

息黔高速公路六广河大桥，2016年建成，主跨跨度580米，为贵州省内跨径最大的组合梁斜拉桥，2019年荣获李春奖。

遵义至贵阳扩容工程乌江特大桥，2016年建成，主跨跨度320米，建成时为贵州省内桥面最宽的混凝土斜拉桥，2020年荣获李春奖。

惠罗高速公路红水河大桥，2016年建成，主跨跨度508米，世界上第一座大跨径非对称混合式组合梁斜拉桥，2020年荣获李春奖。

第三节　走出去的贵州桥梁团队

1995年，贵州桥梁集团承建的江界河大桥通车，这座贵州首次自行设计、施工的大跨径预应力混凝土桁式组合拱桥，刷新了当时同类型桥梁的世界纪录。自此，贵州桥梁建造团队声名鹊起。

早在1991年，珠海泥湾门大桥破土动工，标志着贵州桥梁集团正式进军广东。1998年，贵州桥梁集团修建的广州丫髻沙大桥采用竖转加平转的施工工艺，平转重量达13 865吨，是世界同类型桥梁中第一座万吨转体桥梁，当时共创下4项全国第一，2004年入选首届"中国十佳桥梁"，2006年12月获中国土木工程詹天佑奖。丫髻沙大桥的修建打响了贵州人修桥技术的名号。

2006年，如飞虹一般的广州新光大桥建成通车，这是贵州桥梁集团建设的世界第一座"V"形刚构桁拱组合桥，被专家誉为"对世界桥梁建设的新贡献"。目前，贵州桥梁集团足迹遍布我国23个省（区、市），先后实施了广州新光大桥、重庆外环江津长江大桥、河北冬奥会工程延崇高速公路等项目。

广州新光大桥　贵州省交通运输厅/供图

新光大桥为广州新光快速路上跨越珠江主航道的双向六车道特大型桥梁，是世界上首座由钢桁拱与"V"形刚构组合的拱桥，主桥为三跨连续飞雁式钢桁拱桥，主跨跨度（428米）居世界同类型桥梁第六位。大桥的2个主墩均位于珠江上，采用的无封底钢板桩围堰施工深水基础施工难度大；主墩三角刚架采用劲性骨架法，施工控制要求高；主拱肋采用的大节段浮运、整体液压同步提升技术，创造了当时中国国内桥梁施工分段提升重量×高度的最高纪录。该项目获中国建设工程鲁班奖、中国土木工程詹天佑奖。

建设重庆江津观音岩长江大桥的过程中，在水流湍急的长江上游投下第一个锚锭时，施工就已没有退路：长江上游枯水期和汛期，水位落差达20米以上，枯水期下沉到位的围堰，如果在洪水期到来之前，基础的渡洪桩没有完成，之前所做的一切都会被洪水带走，这意味着几千万元的损失。从贵州走出来的建设队伍展现出了顽强的斗志，与长江赛跑、与江水战斗，创造出"门式浮吊拼装钢围堰施工工法"，保障大桥顺利施工。

重庆白帝城长江大桥　贵州省交通运输厅／供图

2015年4月，贵州路桥集团通过技术输出加对外合作的模式，承接重庆"第一高桥"笋溪河特大桥建设任务。在大桥建设中贵州路桥集团运用了钢桁梁独立节段拼装、旋转架设技术——这些都是在贵州修建镇胜高速公路北盘江大桥中总结出来的经验，克服了桥位区域交通条件较差、桥梁河沟宽度大等不利因素，多次获得重庆各级单位的高度肯定。得益于修建笋溪河特大桥的好口碑，贵州路桥集团先后实施了重庆城开、重庆白帝城长江大桥等多个大型基建项目。

目前贵州桥梁团队承接的项目分布于重庆、安徽、河北、广东、云南、陕西、黑龙江等省（市）。

打开山门，投入的不仅是国内大循环，更要走出国门，让世界看到更多贵州交建力作。近年来，贵州公路集团率先破冰，通过"抱团出海""借船出海""联合出海"等方式开辟海外市场，在蒙古国、格鲁吉亚、哈萨克斯坦取得5个建设项目。

丫髻沙大桥

此桥由贵州桥梁集团承建，是广东省广州市境内一条连接海珠区与荔湾区的过江通道，位于珠江南干流之上，为广州环城高速公路组成部分。此桥于1998年7月动工，2000年6月26日正式通车。2004年，丫髻沙大桥入围首届"中国十佳桥梁"评选。

丫髻沙大桥　贵州省交通运输厅/供图

重庆江津观音岩长江大桥

此桥位于重庆市绕城高速公路（外环）南段的九龙坡区西彭与江津区几江之间，是我国首座跨长江叠合梁斜拉桥。大桥由贵州公路集团承建，是重庆外环高速公路南段中规模最大的特大桥，是交通部第一座跨度最大、桥面最宽的结合梁斜拉桥，同时也是交通部在建绕城高速公路中唯一一条"典型示范、科技示范"高速公路的控制性工程。2015年获"十大最美桥梁"称号。

重庆江津观音岩长江大桥　贵州省交通运输厅/供图

云南永昌高速公路澜沧江大桥

贵州省交通勘察设计研究院参与设计的云南永昌（永平至昌宁）高速公路澜沧江大桥位于云南省保山市昌宁县，横跨澜沧江，全长1928米，是一座主跨跨度1416米的钢桁梁悬索桥，预计2027年建成通车。建成后，此桥将成为世界第二高桥。

云南永昌高速公路澜沧江大桥效果图　贵州省交通运输厅/供图

云南玉楚高速公路绿汁江大桥

云南玉楚（玉溪至楚雄）高速公路绿汁江大桥由贵州省交通勘察设计研究院参与设计，位于云南省易门县与双柏县交界处，跨越绿汁江。大桥作为中国首座单塔单跨钢箱梁悬索桥，其主跨跨度780米，为世界第一。2022年8月26日建成通车。该桥为世界上首座单塔单跨钢箱梁悬索桥，创造了最大跨度的单塔单跨悬索桥、最大倾角隧道锚（54°）2项世界纪录。

云南玉楚高速公路绿汁江大桥　贵州省交通运输厅/供图

第四节 造桥标准看贵州

平塘大桥

平塘大桥为平罗高速公路的控制性工程,横跨槽渡河峡谷,主桥为跨径布置(249.5+2×550+249.5)米三塔双索面钢混组合梁斜拉桥,桥全长2135米,工程总投资13.88亿元。平塘大桥为山区最大跨径三塔斜拉桥,中塔塔高332米,创下了"最高混凝土桥塔"的世界纪录,被誉为最高、最美"天空之桥",已成为世界峡谷桥梁的典范之作。

设计、施工创新点

1. 桥梁规模

大桥横跨宽约1600米、高差近600米的槽渡河峡谷,桥面标高是控制桥梁规模的最主要因素。两岸接线台地地形较为平缓且标高大致相当,若压低桥面标高来减小桥梁规模,则两岸接线隧道规模将急剧增加,从而引起全线工程造价急剧上升,因此平塘大桥的桥面标高最终采用了与两岸接线台地标高基本相当的高桥位方案。

2. 桥型方案

平塘大桥设计中充分利用山谷中部的高地,将桥型方案布置为主跨跨度2×550米三塔斜拉桥。与主跨跨度1300米悬索桥方案相比,造价节省约1亿元且避免了悬索桥两岸锚碇开挖对周围生态环境的破坏。平塘大桥最终采用成本较低,且与周围环境更和谐的三塔斜拉桥方案。

3. 优雅的设计

大桥周边自然风光秀美,槽渡河蜿蜒穿越山川田野,沿河村落星罗棋布。设计师在设计桥塔时,受当地少数民族文化启发,将其独有的服饰、舞蹈等元素融入了桥塔造型设计。塔型设计强调个性特征,注重视觉效果,力求使桥塔造型、体量、色彩等与槽渡河峡谷自然环境协调统一,并结合桥塔结构的受力需求,最终选定了空间"裙摆"形桥塔造型及其配色方案。塔、梁、索相互结合后形成的桥梁整体造型极具动感。

4. 卓越的结构

平塘大桥采用三塔双索面钢混组合梁斜拉桥的设计，3 座优雅的裙摆形桥塔依山势分布于峡谷之间，中塔高度创下了"最高混凝土桥塔"的世界纪录，形成了一座兼具力量与美感的世界级桥梁。基于索塔刚度提升、全桥刚度匹配的需要：①将常规板式桥塔的弯曲受力转换成空间巨型桁架的轴向受力结构；②提出了"中塔塔梁铰接—边塔竖向支撑"结构体系，配套研发了超高水平承载力多向转动球形钢支座和新型黏滞阻尼器；③中塔采用了与边塔不同的细部构造（中塔塔柱顺桥向间距为 20 米，宽 5 米，壁厚 1.5 米；边塔塔柱顺桥向间距为 15 米，宽 4.8 米，壁厚 1.2 米），解决了超高墩多塔斜拉桥刚度匹配难题；④主梁采用工字形截钢混组合梁，由钢主梁、钢横梁和混凝土桥面板组成；⑤斜拉索为空间双索面、扇形密索体系布置，每个索塔单侧布置 22 对斜拉索，采用低松弛镀锌铝合金高强平行钢丝拉索。

5. 主梁总体施工方案

桥位周围运输条件差，施工场地狭窄陡峭。平塘大桥建设过程中，首次创新性地采用了"钢梁整节段纵移转体悬拼工艺"。该项技术有效保障了梁段架设的整体性；大幅度减小了桥下施工占地，最大程度地保护了桥区生态环境；大幅减少了钢梁的高空悬臂拼装作业量，有效提升了施工安全性、极大提高了拼装效率和质量，开创了山区桥梁工业化建造的新局面。该工艺已成功推广应用到贵州云雾大桥（主跨跨度 480 米斜拉桥）、四川江安长江二桥（主跨跨度 2×400 米三塔斜拉桥）等多个项目中，推广应用前景广阔，具有显著的社会经济效益和生态环保效益。

6. 桥旅融合新思路

项目团队在大桥的设计中引入了桥旅融合新思想，将大桥与桥头服务区设计结合起来，配套建设了中国首个山区桥旅融合高速公路旅游服务区——"天空之桥"服务区。该服务区将出行、观光、旅游、住宿等多种功能紧密结合，依托平塘大桥与槽渡河峡谷风光，达成了人、桥与自然环境的完美融合。"天空之桥"服务区先后获得"贵州省科普教育基地""全国公路科普教育基地""全国高速公路旅游特色服务区"等称号，并获评国家 AAA 级旅游景区。2023 年共计接待研学团队 137 场次，营收 18.2 万元。

获取专利等

依托本项目，项目组已获发明专利 6 项，实用新型专利 21 项，外观专利 1 项，软件著作权专利 8 项，工法 10 项；出版专著 1 部；在核心期刊上发表论文 55 篇（其中 5 篇 SCI，10 篇 EI）。

获奖情况

- **国际桥梁大会（IBC）古斯塔夫·林德撒尔奖**

获奖项目名称：贵州省余庆至安龙高速公路平塘至罗甸段平塘大桥

获奖年度：2021年

获奖单位：贵州省交通规划勘察设计研究院股份有限公司

贵州省公路开发有限责任公司

中交第二公路工程局有限公司等

授奖单位：国际桥梁大会（IBC）

- **国际咨询工程师联合会（FIDIC）全球工程项目杰出奖**

获奖项目名称：贵州省余庆至安龙高速公路平塘至罗甸段平塘大桥

获奖年度：2021年

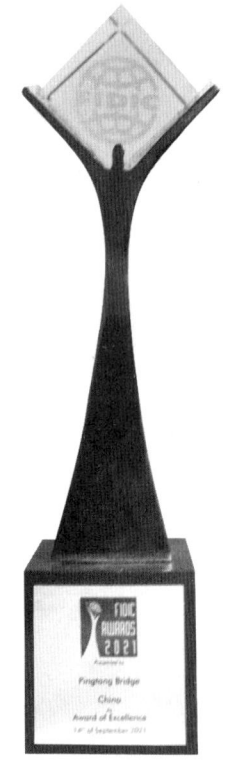

平塘大桥荣获国际桥梁大会（IBC）古斯塔夫·林德撒尔奖及国际咨询工程师联合会（FIDIC）全球工程项目杰出奖　贵州省交通运输厅／供图

第二章　敢与世界争短长

获奖单位：贵州省交通规划勘察设计研究院股份有限公司
　　　　　贵州省公路开发有限责任公司
　　　　　中交第二公路工程局有限公司等
授奖单位：国际咨询工程师联合会（FIDIC）

- 国际桥梁与结构工程协会（IABSE）最佳基础设施奖

获奖项目名称：贵州省余庆至安龙高速公路平塘至罗甸段平塘大桥
获奖年度：2022年
获奖单位：贵州省交通规划勘察设计研究院股份有限公司
　　　　　贵州省公路开发有限责任公司
　　　　　贵州桥梁建设集团有限责任公司等
授奖单位：国际桥梁与结构工程协会（IABSE）

- 中国建设工程鲁班奖（国家优质工程）

获奖项目名称：贵州省余庆至安龙高速公路平塘至罗甸段平塘大桥
获奖年度：2023年
获奖单位：贵州桥梁建设集团有限责任公司
　　　　　中交第二公路工程局有限公司
授奖单位：中国建筑业协会

- 李春奖（公路交通优质工程奖）

获奖项目名称：平塘至罗甸高速公路
获奖年度：2023年
获奖单位：贵州桥梁建设集团有限责任公司
　　　　　中交第二公路工程局有限公司等
授奖单位：中国公路建设行业协会

- 贵州省2022年度十大科技创新成果

获奖项目名称：山区超高墩多塔大跨斜拉桥建设关键技术
获奖年度：2023年
获奖单位：贵州省公路开发有限责任公司

　　贵州省交通规划勘察设计研究院股份有限公司

　　贵州桥梁建设集团有限责任公司等

授奖单位：贵州省科学技术厅、贵州省科学技术协会

- **中国公路学会桥梁工程创新奖　一等奖**

获奖项目名称：贵州省余庆至安龙高速公路平塘至罗甸段平塘大桥

获奖年度：2022 年

获奖单位：贵州省交通规划勘察设计研究院股份有限公司

　　　　　贵州省公路开发有限责任公司

　　　　　中交公路规划设计院有限公司等

授奖单位：中国公路学会

- **公路交通优秀设计　一等奖**

获奖项目名称：贵州省余庆至安龙高速公路平塘至罗甸段第 1 合同工程设计

获奖年度：2022 年

获奖单位：贵州省交通规划勘察设计研究院股份有限公司

授奖单位：中国公路勘察设计协会

- **贵州省优秀工程勘察设计奖　一等奖**

获奖项目名称：贵州省余庆至安龙高速公路平塘至罗甸段平塘大桥设计

获奖年度：2021 年

获奖单位：贵州省交通规划勘察设计研究院股份有限公司

授奖单位：贵州省优秀工程勘察设计评选委员会

- **贵州省"黄果树杯"优质工程**

获奖项目名称：贵州省余庆至安龙高速公路平塘至罗甸段平塘大桥

获奖年度：2020 年

获奖单位：贵州桥梁建设集团有限责任公司

　　　　　中交第二公路工程局有限公司

　　　　　贵州省公路开发有限责任公司

　　　　　贵州省交通规划勘察设计研究院股份有限公司等

授奖单位：贵州省住房和城乡建设厅

- **贵州省公路学会科学技术奖 特等奖**
获奖项目名称：山区超高墩三塔大跨斜拉桥结构体系创新设计与应用
获奖年度：2022年
获奖单位：贵州省交通规划勘察设计研究院股份有限公司
授奖单位：贵州省公路学会

- **贵州省力学科学技术奖 特等奖**
获奖项目名称：超高墩多塔大跨斜拉桥新型结构体系创新与示范应用
获奖年度：2022年
获奖单位：贵州省交通规划勘察设计研究院股份有限公司
授奖单位：贵州省力学学会

- **贵州省土木建筑工程科技创新奖 一等奖**
获奖项目名称：贵州省余庆至安龙高速公路平塘至罗甸段平塘大桥设计
获奖年度：2021年
获奖单位：贵州省交通规划勘察设计研究院股份有限公司
授奖单位：贵州省土木建筑工程学会

花鱼洞大桥

2023年11月10日，第十届全国科普讲解大赛在广州落下帷幕。贵州省交通规划勘察设计研究院股份有限公司刘灵琪以《小桥担大任》为题，在全国265名晋级决赛的选手中脱颖而出，获得一等奖，同时还荣获"全国十佳科普使者"荣誉称号。

"小"桥担"大"任

2023年，央视热播剧《人世间》中出现一座贵州"小"桥，被网友们称为"最强龙套"。它就是有桥梁界"诺贝尔奖"之称的国际桥梁大会（IBC）古斯塔夫·林德撒尔奖39年以来最小的一个获奖项目——花鱼洞大桥。

以往获得该奖的项目大多为造价超过十亿元、跨度超过千米的超级桥梁工程，而这座

小桥造价不过 1 亿元，主跨跨度也不足 200 米。

小桥虽小，却担当着大任。它如同一条扁担，一头千山万水，一头经济发展。经历了 20 余载的风霜，旧桥在 2014 年被鉴定为四类危桥，拆除重建工作迫在眉睫。

小桥虽小，工程难度可不小。花鱼洞大桥跨越了红枫湖国家湿地公园和百万级人口饮用水源保护区，受限于场区敏感的建设环境，水中根本无法搭设支架，不允许固体废弃物落入，对于生态环保的要求相当严格。

因此，建设者放弃了传统"先拆后建"的建桥方案，另辟"生态建桥"新路径，提出"旧桥建新拱，新拱拆旧桥"的设计理念。就是把旧桥桥面作为临时施工平台和新桥主要构件的运输通道，先将新拱修建起来"包住"旧桥；然后沿新拱径向布置多个临时扣索，将旧桥扣挂于新拱之下，再对旧桥进行逐段切割拆除，最后安装新桥桥面。

建设过程中，在全球首创了拱桥拆除的新型结构体系转换技术，并研发了配套工具，利用"顶推神器"在拱顶部位预先施加顶推力，然后对旧桥进行精确切割，从而逐步释放在桥梁拆卸过程中，由于结构体系转换而产生的瞬时冲击荷载和变形。

建设期间，没有一块混凝土、一滴污水落入红枫湖内，项目减少碳排放 1.5 万吨，相当于 5000 辆汽车行驶一年的碳排放量。旧桥混凝土、钢材实现 100% 循环再利用，节约工程造价 2200 万元。真正做到了"水源零污染、景区零干扰、废料再利用，景观新地标"的建桥宗旨。花鱼洞大桥的建成标志着贵州在山区峡谷桥梁"小而精"的建设方面达到了世界领先的全新高度。

青山绿水，虹桥飞架。如今，这只小小的"红色提篮"如一道彩虹飞架在红枫湖的两岸，为贵州人民带来了新的希望。候鸟迁徙的季节，红枫湖水域特有的灰鹤便会从桥上飞过。花鱼洞大桥正用它小小的身躯担当着桥与自然和谐共生的大任，看向世界生态桥梁发展的新未来。

项目的主要创新点

1.生态建桥新路径

桥梁重建方案受限于 AAAAA 级风景区及饮用水源保护区生态环保要求，同时考虑两岸接线及景观需求，秉承"生态建桥"理念，最终选择原址重建。提出"旧桥建新拱，新拱拆旧桥"的设计思路，新建桥梁采用主跨跨度 180 米中承式钢管混凝土拱桥方案，将拱肋布置于原桥外侧，利用新建拱肋将旧桥化整为零、倒装拆除，将绿色、节能、循环、低碳的"生态建桥"理念贯穿建设始终，绘就桥、山、湖交相辉映的生态画卷。

2. 桥梁绿色重建技术

施工过程中首先利用旧桥桥面作为作业平台，安全、高效地完成新桥拱肋安装。其次，将旧桥拱圈扣挂于新桥钢拱肋上，旧桥结构恒载均匀分配到新桥拱肋上，研发结构体系转换装置完成开拱，逐段切割、倒装拆除旧桥。旧桥废料移运至桥头，打碎后作为路基填料，利用专用装置搜集切割废渣及污水，实现了水源零污染、景区零干扰、废料再利用的目标。

3. 景观新地标

新桥布置为内倾10°的拱圈变高度的中承式提篮拱，凸显拱跨结构的力量与美感，如同一道美丽的彩虹飞架于红枫湖两岸，一湖三桥交相辉映，已成为云贵高原景观新地标。

花鱼洞大桥全景　贵州省交通运输厅/供图

建设挑战

（1）大桥位于贵阳市饮用水源保护区及AAAAA级风景区，严禁施工废水排放，严禁固体废弃物落入水体，空气、噪声、植被、水土保持等环保要求严格，桥梁重建设计方案的难点是旧桥拆除施工过程中如何满足生态环保要求。

（2）受限于桥位处生态敏感的严苛要求，旧桥拆除无法采用支架或爆破方案，采用倒装法拆除旧桥的过程中，结构体系转换和后续杆件逐段切除面临较大的结构安全风险及施工安全风险。

（3）桥位处是红枫湖著名景点"一湖三桥"，风光秀丽，该桥连接贵州省多个著名旅游景点，新桥如何融入湖光山色花海之中。

针对上述挑战，参建各方在桥梁设计、工程建设、学术研究等方面开展了深入细致的工作，取得了优异的成果。

花鱼洞大桥跨越红枫湖 AAAAA 级风景区及百万级人口水源保护区，新建桥梁采用原址重建方案，最大程度避免了两岸接线工程对水源保护区和景区生态环境的破坏和干扰。

花鱼洞大桥桥位平面图　贵州省交通运输厅/供图

为减少旧桥拆除对环境的干扰，项目组首次提出"利用新拱拆旧桥"设计思路，采用180米的中承式钢管混凝土拱，将新拱肋布置于旧桥两侧，施工中先安装新拱肋，然后将旧桥扣挂于新建拱肋之上，逐段切割，倒装拆除旧桥。

有别于常规先拆后建的重建方法，本项目提出先建后拆、拆建结合的思路，将新桥拱肋作为旧桥拆除的支撑架，利用新拱拆旧桥。具体做法是：首先将旧桥作为施工平台和运输通道，安装新桥拱肋，"包住"旧桥。其次利用新建钢管混凝土桥拱肋的刚度，沿新拱拱轴线径向布置临时扣索，将旧桥整体扣挂在新建钢管拱肋上。随后解除桁式组合拱拱顶连接，将桁架拱体系转化为扣点支撑的悬臂结构。最后逐段切割杆件、倒装拆除旧桥。

本项目将新桥建设与旧桥拆除完美结合，有效满足饮用水源和景区的生态环保要求，减少碳排放 1.5 万吨，安全、高效地完成了桥梁建设，是山区桥梁精心设计、精细施工的经典案例。花鱼洞大桥自 2021 年 6 月通车以来，生态、景观效益显著，已经成为云贵高原景观、新地标。

依托本项目，项目组开展了《拱桥原桥位拆除重建综合解决方案》课题研究，获得国家专利 7 项和省部级工法 2 项，发表论文 5 篇，为处于环境敏感区的旧桥改造项目提供了成套技术解决方案。

第三章

意蕴悠远 "桥文化"

第一节 一个人与一座桥

贵州，从来不是文化的穷乡僻壤。

贵州地域文化，特色鲜明，源远流长。

这种文化诞生于山野之间，深藏于贵州人的血脉和精神世界中。因为经历过比山外人更多的千难万险，贵州的文化性格总是与山有关：山石似的顽强，山溪般的奔放，山鹰样的果敢。因为永远与山为伴，崇拜力量、热爱生活、渴盼创造，自然而然成为它厚重的人文内涵。

桥文化，是贵州地域文化精彩的缩影。

有时候，一座桥，在贵州人心中的地位，几近于图腾或者偶像。

每年农历二月初二，清水江流域各个苗寨，都要举行仪式感极强的"敬桥节"。那一天，孩子们会穿上新衣、挂着红蛋，在长辈的引领下，一起来到桥边欢庆。苗族同胞用这种形式，代代传承对于桥和建桥人的景仰。他们知道，是桥改变了自己的生活方式；在他们眼中，桥就是最看得着、摸得着、感受得到的文化；文化的烙印，其实就深深镌刻在自己身边的桥上。

古风遗韵葛镜桥　贵州省交通运输厅／供图

若说贵州桥文化，必

提贵州葛镜桥。

葛镜桥集险峻、雄奇、高大于一身，坐落于福泉城外，横跨水流湍急的麻哈江，立于绝壁之间，在中国古桥建筑中，极具特色。葛镜桥为明代平越（今福泉市）人葛镜出资修建，桥以人名。

葛镜宦游经年，还乡后不忍乡里行路为山水所阻，穷尽毕生精力，倾尽私家财力，在大山里建造出了这座千古名桥。

葛镜桥桥长52米、高29米、主跨跨度25米，为不对称的三孔石拱桥。以当时的科技水平，在贵州山区造这样一座桥何其困难？今天所见葛镜桥，石灰料相错砌成，看似极不规则，时人即戏称"豆腐桥"，其实却蕴含惊人的智慧和力量。似乎危若累卵，实则异常坚固，屹立风雨中400多年。

更加不易的是，葛镜桥建成之前，葛镜失败了两次。第一次是在明万历十六年（1588年），当时选址在吴家桥下游，桥尚未建成即行倒塌，被称为"上倒桥"。第二次修建，筑于鸭坝下游，建成后倒塌，称为"下倒桥"。

葛镜没有被接二连三的失败吓倒，反倒修桥决心弥坚。他写下一首《自誓诗》言志：

亘石昨庆桥成兮，江流湍急桥复圮。

持一片心盟白水，桥不成兮镜不死。

葛镜在明万历四十三年（1615年）开始第三次建桥，终于在万历四十六年（1618年）初建成。三次建桥前后共耗时三十年，葛镜积劳成疾，于桥成翌年辞世。

葛镜桥在绝壁之上起拱，借江心一礁石下脚，设计绝妙，用料考究，工艺精湛，历经400多年，仍然坚固如初。这座深藏于大山之中的石拱桥，堪称中国古代名桥。1985年，葛镜桥经贵州省人民政府批准，成为省级文物保护单位；2006年，被国务院批准为全国重点文物保护单位。

一个人与一座桥，成为贵州桥文化中的佳话。

葛镜桥之所以出名，是因其地势险要，难以修建。

一座桥，两毁三建，一修三十年；一个人，耗尽家财，只为乡邻出行方便。一项古代工程，至今仍然巍然挺立，让人感慨万千。

历史总有它难言的遗憾。

明崇祯十一年（1638年），旅行家徐霞客游历贵州49天，走过并记录下40多座各具特色的山中桥梁。他在贵州走过最多的是石拱桥，而偏偏这座在20年前就建成的石拱桥，却似乎没有生成先生笔下的精妙文章。

倒是一批现代人物弥补了这个遗憾。科学的评价，让今天看到的古桥仍然不失光艳。

福泉葛镜桥　李贵云／摄

著名桥梁专家茅以升主编的《中国古桥技术史》评说葛镜桥："十六世纪平越葛镜，历时三十年建成了葛镜桥，不但悉罄家资，在经济上独立建桥，同时两毁三建，从失败中吸取教训，完成了桥的技术上的改革。""葛镜桥工程艰巨，宏伟壮观，为西南桥梁之冠。"

在茅以升看来，葛镜桥无论是选址还是技术运用，都具有独特魅力。

选址完全符合"审地形、视水势、避急弯"原则,作出了"顺着水性,躲开急流,虽险而宜"的超凡选择。

桥墩建在最为可靠的、高于水面的坚固岩盘之上,稳如泰山。采用的"鳞砌"的方法,是当时桥梁建设中的先进技术;更让人称奇的,是桥底拱面的石块,没有使用任何黏合剂,巨型石块借助桥身自重和拱桥张力,完美承接外受压力。1944年,茅以升组织学生测算古桥承重,得出结论:葛镜桥通过十吨重型汽车完全安全。茅以升先生由衷赞叹:北有赵州桥,南有葛镜桥。

葛镜第十二代后人葛诗畅,做过省报编辑,当过省政府参事。决心"从纪实文学角度,运用新闻视野,探索云贵高原深处鲜为人知的典型人文遗址,扫除历史尘封,使这些地处国之边缘的宝物放出更多光彩,既为国家的文化宝库拾遗补阙,又为地方的文化产业发展贡献绵薄力量"。历时三年,写就《葛镜桥古今探索记》。

2006年夏天,为写《葛镜桥古今探索记》,葛诗畅走进"上倒桥""下倒桥"遗址,也走上屹立如初的葛镜桥。亲见葛镜桥周边地质奇观,他写下这样的文字:鱼梁江、畏诸河、沙河三水并流,"三江口以下河段便叫麻哈江,虽然峡谷深切,敞窄悬殊,却可行舟。……此去二三里,倒桥遗址残留下来的桥石、石墙和拱桥券石清晰可见。"全长51米多,桥拱最高约10米的三孔联拱葛镜桥,则"如长虹卧波,连通两岸"。

葛诗畅心中万般感慨,两岸通往古桥的古道,还可以从密林中寻觅出来,行走其间,还可以感受到人间世事沧桑:"走上最后成型的'葛镜桥',如果说前几次建桥尚属于平凡之举的话,那么最后一次建桥,则是到了有如背水一战的悲壮境界。"悲壮之一:投入之艰辛超乎寻常;悲壮之二:工程之艰辛超乎寻常;悲壮之三:大手笔之作超乎寻常。

字字句句,说的就是葛镜桥丰厚的文化内涵。

一位曾在贵州任职多年的老领导,打破不为书作序的惯例,在《葛镜桥古今探索记》"序言"中深情写道:

在贵州众多桥梁中,不乏在中国乃至世界古桥史上都占有重要地位的古桥建筑,其中又以修建于明朝并被列为国家重点文物保护单位的福泉葛镜桥最具代表性。之所以推崇葛镜桥,主要基于三点:

一是该桥建设过程中体现出的崇高思想道德境界。为了建成此桥,便利民众,葛镜不惜倾尽家资,变卖家中所有值钱之物和乡间田园,包括其长子世袭祖职的俸禄也几乎用于建桥,这种心系民众、无私奉献、造福乡梓的义行善举,令人为之动容,不愧是神宗御赐"义垂千古"匾额。

二是该桥建设过程中所体现出的坚韧不拔、矢志不渝的顽强拼搏精神。葛镜桥建桥虽然连续遭受了两次失败，但葛镜始终没有放弃，反而更加坚定了修桥的信心，毅然开始第三次建桥，并写下"桥不成兮镜不死"的豪迈誓言。大桥前后历时30年终于建成。这种锲而不舍、攻坚克难的精神让人由衷感到敬佩。

三是该桥建设过程中所体现出的勇于创新的科学求实态度。葛镜在不断总结经验教训的基础上，经过精心比选，巧妙利用天造地设、虽险而宜的砥柱峡桥址，"绝壁起拱，借礁筑墩"，设计出了孔距成倍递增的三孔联拱桥形，充分运用峭壁、礁石、石矶的自然物理功能，牢牢整合着整个大桥的结构，使大桥得以稳固至今。该桥的建筑工艺和技术受到了普遍赞誉，我国现代桥梁奠基人茅以升先生曾将葛镜桥与赵州桥相提并论，赞叹"北有赵州桥，南有葛镜桥"，称其在中国乃至世界古桥史上都占有一席之地。

一个人与一座桥，不仅仅是一个简单的历史故事。葛镜桥，是昭示贵州人"百折不挠、干则必成"文化性格的一个生动标志，鼓舞后来者破难前行。

第二节 一座桥与一座城

总有河穿过贵州的"城"。甚至有"无桥不为城"的说法。因此，桥，成了"城"的精魂。

只有修建了足够的桥，一个城才会商贾如云，才能人潮奔涌，才有文化气氛和烟火气息交相蒸腾。桥越多，城就越发显得活力无比、风情万种。

在贵州，提起"桥城"，人们通常会想到黔南州的都匀。其实，黔省诸城中，桥梁数目最多的，当数贵阳。

老贵阳城池不大，九门四阁、三河穿城，都是绵延了数百年的经典风景。南明绿水、市西清波、贯城细流，三条河上，一座紧接一座的桥，贵阳人将它们看作了连通城市的脉络；更诗情画意的是，往桥上轻轻一站，便可以怀想城市文化底蕴的厚重，遐思久远文脉在烟火生活中的拓展延伸。

南明河上的浮玉桥，便是贵阳乃至贵州的一个不朽的传奇。

史册中记载：浮玉桥"在府城南堤，所谓'鳌矶浮玉'是也"。现实中看浮玉桥，就宛如玉带浮于南明碧波之上。

老浮玉桥，原是近百米九孔长桥。后因临河修路，填埋两孔，只余七孔，但仍不失为南明河上最老的长桥之一。浮玉桥头立有"城南胜迹"牌坊，桥中建有灵巧古朴兼具的"涵碧亭"，与贵州地标性建筑甲秀接桥接为一体，并与文昌阁、翠微园一道，组成了风格独具、文化底蕴厚重的甲秀楼景区，共同进入全国重点文物保护单位"文昌阁和甲秀楼"文物清单。

此桥此景，首开之功当属有文化情怀的外省人士江东之。

明万历二十六年（1598年），贵州巡抚江东之不取"公帑"，不劳"军夫"，捐赠千金在南明河上筑堤（时称"南堤"，后人为纪念江东之，又称"江公提"）建楼。先在鳌矶石上建浮玉桥。在长堤之中，以石块垒砌石台，台上建阁，取名"甲秀楼"，喻"科甲挺秀""人文甲秀天下"之意。江东之的建楼初衷就是为年轻学子提供攻读之地，以此改变贵州人才稀少的局面。

六百年风风雨雨，中国十大名楼之一甲秀楼几毁几建，至今宏伟壮观。三层三檐四角攒尖顶结构，飞檐翘角，石柱托顶，古风俨然；楼阁门窗凿龙画凤，刻草镂花，工艺非凡。连接楼、河、岸的浮玉桥，更是稳固如山，在朝暾夕照下与甲秀楼相映成趣，是贵阳一步步走来的历史见证，是贵州文化发展史上的重要标志。

老贵阳城内的其他桥，萦绕的多是人间烟火气；而浮玉桥，则是贵州人文堆叠最重的桥。诗人为它纵情歌吟，史家为它著书立传，画家为它挥洒丹青。甲秀楼内清代贵州籍翰林刘玉山所撰长联为一绝。自明清以来，甲秀楼就是贵阳人游宴之地，由浮玉桥登楼眺望，青山绿水尽收眼底，文人雅士题咏甚多。

其实，浮玉桥成为贵阳文化地标，并非无源之水。早在这座桥建成之前，贵州大地上已经留下了文化人艰辛开拓的脚印。

浮玉桥建设之前，贵州文化出现了两个大事件。

明正德三年（1508 年），兵部主事王阳明被贬谪到贵州龙场驿，地点就在如今贵阳市修文县境内。尽管贵州"连峰际天兮，飞鸟不通"，但当地各族群众的质朴、善良、助人为乐感动了王阳明，使他重新开始自己的人生旅途。开办书院，启迪民智、发展文化教育；提出"立志""勤学""改过""责善"四大原则，倡导"知行合一"，开创了贵州一代新的学风。

王阳明在贵州创立"心学"，影响久远，还传播到朝鲜、日本和欧美。

另一个大事件，是思南人田秋题奏贵州单独开科取士，辗转五载，终在明嘉靖十四年（1335 年）得以实现。贵州建学开科以来，人才蔚起，俊秀之士，比于中原。

前人撒播种子，浮玉桥横空出世，与寄望"科甲挺秀"的甲秀楼混然一体，连接起历史与现实的天空，见证着贵州文化从鲜为人知到星光灿烂。

铭刻着贵州文化发展梦的浮玉桥，看到了这个梦的实现。

明、清两代，一向被视为穷乡僻壤的贵州，竟然考出了六千举人、七百进士。其中孙应鳌、邱禾实、谢三秀、杨文骢、周渔璜、陈法、但明伦、黎庶昌、李端棻，都是一时俊杰。

更加出人意料的是，有清一代，贵州考出了一武两文三位状元。而其中两人，就出生或曾落脚在贵阳。贵州历史学者范同寿，在《贵州历史笔记》中这样写道：

贵阳市中华南路与富水南路之间有一条街，早年间是一条小巷……清末因康熙年间的武狀元曹维城居住于此，建了一座带朝门的四合院安度余年，故民间将之称为"狀元楼"。……"曹状元街"这一街名一直保存至今，成为贵阳市除了中山路之外唯一以人名命名的街道。

曹状元街离浮玉桥很近，徐徐轻步，迈过的都是文化的云烟。

出身于行伍之家的曹维城自幼随父习武，但却勤读诗书，是一名文武兼修的干才。十九岁考中举人，次年入京参加会试、殿试，被康熙皇帝钦点为武进士一甲第一名，成为康熙四十二年（1703年）癸未科武状元，也是贵州历史上第一个状元和唯一的武状元。

而以文夺魁天下的赵以炯，家乡青岩古镇，位于贵阳花溪区，那里正是南明河上源，也与浮玉桥有缘。

赵氏为书香门第，家道殷富，至赵以炯时，赵氏一门五进士一位魁……赵以炯于清光绪五年（1879年）中举，光绪八年（1882年）赴京应壬午科会试，未能如愿。……其后四年，他日日挑灯夜读，博览群书，终于在光绪十二年（1886年）获殿试一甲第一名，成为云、贵两省开科举后，以状元及第文魁天下第一人。

赵以炯的仕途生涯没有多少事可圈可点，但他通过刻苦攻读力压各省进士，打破云贵高原无文状元的记录，却引发时任监察御史的贵阳人李端棻由衷感叹："五百年后，果然文物胜江南。"可见赵以炯的一飞冲天，在社会上引起了多大的震撼！

像这样透射贵阳文化底蕴日渐丰厚的人和事，又何止一例两例。

从浮玉桥溯流而上，迎面相迎的是南明桥。南明桥最早称作南门桥，比浮玉桥还早建193年，可以说是贵阳最早建成的桥。

再往上行，便是贯城河与南明河交融的地界。贯城河上曾经有过24座桥，文化底蕴最厚重的要数六洞桥。六洞桥不是一座桥，而是贯城河上密集分布的6座单孔桥。晚清重臣张之洞就出生在六洞桥附近，他虽祖籍直隶南皮（今河北南皮），青少年时光却在贵州度过，十八岁才离开贵州。他所主导的"洋务运动"主场不在贵阳，但"幼即聪慧"的形象却刻印在贵州。六洞桥如今仅剩一桥，桥旁立着书写张之洞事迹的牌匾，周围街区被命名为六洞街，满街洋溢着一股特别的文化气。再往上走，还有一座故事颇多的太慈桥，历史人文气息都颇为浓厚。

浮玉桥本因文化而生。几百年风风雨雨过去，桥还是那座桥，桥和城的故事却在不断更新、延续。

及至清末和民国时期，贵阳、贵州已是文风昌盛一时。郑珍、莫友芝、黎庶昌、谢六逸、蹇先艾、段雪笙、陈沂、吴绍文……一个个文化名人"点亮星星"，而"星星"们又都与贵阳这座"城"有着这样那样的关系。抗战时期，贵阳文化生活更是盛况空前，堪称当时大后方一个文化重镇。

桥和城，都被历史的遗痕镌满。

一座桥，一座城，文化的纽带把它们紧紧连在一起。

第三章　意蕴悠远"桥文化"

今天，桥和城的文化故事成了难得的宝贵遗产。人们挖掘它、发扬它、传承它，桥因此更加光鲜亮丽，城市在这个基础上又增加了新的文化风韵。

如今，离浮玉桥不远的曹状元街，已经被打造成贵阳新的旅游网红打卡地。再远些的文昌阁和青云路，路边演唱会，市民自由参与，不收门票，想唱就唱，文化的风，暖暖地荡漾在市民心里。

在贵阳，浮玉桥的文化地标形象，已经融进生活、融进烟火，牢牢刻在人心当中。

贵阳浮玉桥　李登毅/摄

第三节　桥揽时代风云

一座桥，静静地架在黔西市谷里镇的莲花滩上。

从明洪武二十年（1387年）算起，这桥在山野间矗立了六百多年，关于它的传说已经几近传奇。

乡人把这座桥呼作"朵妮桥"。因为监造此桥的是彝族女子阿笮朵妮，而她正是杰出女政治家、贵州宣慰使奢香夫人的侍卫。修建这座桥，是奢香夫人交给她的重要任务。

奢香夫人的故事，在贵州几乎家喻户晓。奢香，元至正二十年（1360年）诞生于四川蔺州（今古蔺）宣抚使奢氏家门，十四岁嫁与贵州宣慰使霭翠为妻。

明洪武十九年（1386年），奢香夫人代袭贵州宣慰使，蛰居乌蒙山深处的一位二十多岁彝族女子，撑起水西一片天。

奢香夫人以其政治智慧，正确处理了与贵州都指挥使马烨的矛盾。

马烨是个鲁莽武夫，骄纵横蛮。对刚袭位的奢香夫人，欲除之而后快。后来，马烨寻衅，指使兵士"裸其（奢香）身而笞其背"，马烨的用心，是想激怒奢香造反，然后理直气壮出兵镇压。

受此奇耻大辱，奢香当然怒火难平。可当四十八部彝族首领听到她受辱消息，纷纷率兵聚于奢香军门，誓助奢香起事时，这位女政治家却表现出惊人的智慧和镇定。她深知不能拿民众生命为代价去泄一时之愤，当众表明"反非吾意"，劝导大家别中马烨圈套。

安抚众人之后，奢香夫人又与贵州宣慰副使宋钦夫人刘淑贞一道，赴京师向朱元璋面陈事情真相。朱元璋为了大局，安慰奢香，处置马烨。一场可能导致流血的危机，终于和平解决了。

奢香夫人的历史功绩，不仅止于平息了一场可能导致战火纷飞的矛盾冲突，维护了国家和民族的大义；更在于她回贵州后努力发展交通，促进贵州与中原及周边的联系。

朱元璋也并非无条件支持奢香夫人，在答应奢香夫人惩处马烨时，他直接发问："你们为马都督所苦，我为你们除掉他，你们拿什么报答我呢？"奢香夫人当即表态："若蒙圣恩，当令子孙世世不敢生事。"朱元璋回道："此汝常职，何言报也？"一句话点醒奢香，奢香马上又表了态："贵州东北向道可入蜀，梗塞已久矣，愿为陛下削山开驿传，以通往来。"

奢香夫人信守承诺，回到贵州后，就着手率部开通道路，立"龙场九驿"。《明史·土司传》记载："（奢香）开通桥（今施秉境内）、水东（今开阳境内）以达乌蒙、乌撒及容山（今湄潭）、草塘（今瓮安境）诸道路，立龙场九驿。"所谓"龙场九驿"，指的是龙场驿、陆广驿、谷里驿、水西驿、奢香驿、金鸡驿、阁雅驿、归化驿和毕节驿。龙场驿在今修文县城，为重要交通枢纽。毕节驿为龙场九驿的终点，是川黔滇驿道必经之地，北可连四川永宁，南可达云南曲靖。贵州著名学者刘学洙点评道："奢香开辟的龙场九驿，虽然只是一条省内的驿道，但在明朝具有战略意义。它使水西地区与外界密切沟通，又联结了川黔驿道和其他四条交汇于贵州的驿道干线，这就加强了水西、水东之间及省内外的联系，在贵州开发史上占有重要地位。"

"朵妮桥"正是奢香夫人开通谷里驿时所建。

明洪武二十年（1387年），朵妮桥开始在一座三孔石拱桥基础上建造。奢香夫人把谷里驿附近建桥事宜一并交付陇舍嫩益家支的头人陇勺阿甫，并减免其三年赋税。陇勺阿甫又把建桥之事交由基层土官勺俄具体负责。建桥过程中，勺俄凭借权势，克扣钱粮，打骂工匠，甚至残害民工，致使工程久施不竣。奢香夫人巡查到莲花滩，见桥久建未成，探得真实原因，一边惩处勺俄，一边着令女侍卫阿筜朵妮负责建桥。

阿筜朵妮接令之后，不敢怠慢。带领工匠和民夫，抓紧施工。在桥即将建成时，阿筜朵妮却因劳累过度，常常口吐鲜血，日渐消瘦。即使如此，她还是不离工匠和民夫，不离未完工的桥。奢香夫人得知阿筜朵妮为建桥积劳成疾，急率部众赶来看望。将至工地，但闻工匠和民夫为阿筜朵妮去世恸哭。奢香夫人下马，把朵妮遗体抱在怀中，缓步上桥，当众宣布："这桥就叫'朵妮桥'，让后人永远记住阿筜朵妮。"

其实，阿筜朵妮后边站着的，是奢香夫人。她顾全大局，维护民族团结、捍卫一方稳定、发展地方经济的不朽成绩，已经牢牢铭刻在百姓心里。2023年杭州亚运会，一曲《奢香夫人》响彻会场内外，一举成为网红歌曲，就很能说明问题。

今天，奢香夫人的影响远不止一座"朵妮桥"可以涵盖。

设在大方的奢香博物馆，展示着奢香开龙场九驿的文物遗存。一块青白色的"马蹄石"横卧在展厅，中间被马蹄踩出深深的凹痕。这是古驿道上的一块铺路石，叩之琅琅有声，提醒着人们不忘历史的风云。

历史的遗产，经过锤炼融合，又在新时代熠熠生辉。

在毕节市，有一个金海湖新区，是在水西故地——七星关区和大方县境内土地上，一

体化整合后形成的毕节经济发展新的"增长极"和"火车头"。

金海湖新区因"金海湖"而得名。金海湖旧称"瓦厂塘",相传就是奢香夫人当年为了修建宣慰司官邸,大兴土木,命人挖泥以造砖瓦。风来雨往,取泥处便形成一湾水塘。

当地依托原有自然景观,在瓦厂塘旧址上兴建起一座巨大的湿地公园。

在这块土地上,出现"同心荟萃""花谷出潭""湿地寻芳""晓风荷苑""葱茏岁月""闲逸动韵"六大景区组团,山、水、湖、林、路完美结合,融入众多人文景观。

与江南那些精致、小巧的园林截然不同的是,金海湖是个生态园林,又是城市综合体。突出特色文化、环境宜居、独特旅游、民族风情。

六百多年前的奢香夫人,大概没想到后人会把昔日"水西"建设得如此美丽;但现在的人们,奋斗的足迹中,确实是吸收了"奢香文化"的营养成分。

贵州人民没有忘记奢香夫人的历史贡献。奢香夫人墓、贵州宣慰使府邸等一应文物得到完好保护。《明史》《明实录》《贵州通志》《黔书》《大定府志》,都有她的事迹记载。

第四节 桥看民风民俗

如果你到贵州的侗寨走上一回，印象最深刻的恐怕就是鼓楼和风雨桥。

侗族人喜建鼓楼和风雨桥，竟同当地杉木众多有关。侗寨乡规民约中有保护森林的专门条款；青年男女以杉树苗为爱情信物；村民生育子女，乡邻们要为他们种下小杉树，既有良好祝愿，也为孩子成年后以物易物、添置家产创造物质条件。

黎平地坪风雨桥彩画　贵州省交通运输厅／供图

一般认为，是工艺复杂的鼓楼出现，才催生了风雨桥。二者的主要建筑材料都是杉木加瓦片。杉木，为匠人们提供了广阔的想象空间和实践平台。

侗族人早就有修建桥梁的意识，一直保留遇水架桥的传统。风雨桥在侗族地区是寻常风景，它们遍布村村寨寨，除掉通行功能，在桥上对歌摆酒，也是它重要的礼仪性功能。

黎平堂安县侗寨风雨桥　龚小勇/摄

从这个意义讲，遍布侗寨的风雨桥，包融进了最独特的乡村艺术和最浓郁的民族特色。现代化的交通路网，已经让风雨桥的功能有所变更，但这些桥，在侗族人生活中，仍是人们心中最为重要的情感纽带之一。

风雨桥是侗族人民敬畏自然、改造自然的智慧和力量的结晶。建设一座风雨桥，往往需要十村八寨的能工巧匠齐心合力，因为在侗族人观念里，风雨桥不同于一般的桥，它表现着一个民族的生命与桥之间的亲密关系。

第三章 意蕴悠远"桥文化"

风雨桥将桥梁建筑与民族文化完美融合。整座建筑不用一钉一铆,全靠木料凿榫衔接、横穿竖插。棚顶盖有坚硬严实的瓦片,凡外露的木质表面都涂有防腐桐油,在桥梁设计上结构严谨、造型独特,极富民族特色。桥面铺板,两旁设栏杆、长凳,形成长廊式走道。塔、亭建在石桥墩上;桥上建筑分多层,檐角飞翘,顶有装饰,被称为世界十大最不可思议桥梁之一。风雨桥之名,则来自人从桥上过往,可以凭借这些设施躲避风雨。

大多数风雨桥是石拱桥。如锦屏县三江镇清江风雨桥、从江县贯洞镇刷搞风雨桥等;但在黎平肇兴镇,仍留有为数不多的木梁桥,如信团花桥、仁团花桥、新建风雨桥。

锦屏县三江镇清水江风雨桥,采用优质杉木制作。楼有四廊五亭小青瓦盖顶,桥背上"双龙抢宝""丹凤朝阳"堆雕栩栩如生。南北引桥石栏杆、石阶梯古朴大方。桥亭攒顶上三个宝顶,象征小江、亮江、清水江人杰地灵、物阜年丰。赤溪坪风雨桥造型独特美观,212根落地柱土漆生光。廊亭内有多幅民族风情彩画和诗词对联作品。

榕江乌公侗寨风雨桥 赵敏/摄

多·彩·贵·州·桥

其实,像风雨桥这样与民族文化相融的桥梁建筑,在贵州比比皆是。与桥梁有关的民俗文化分为无形和有形,是藏于山水间,得到广泛认同和传承的一种地域文化。

黄平县重安镇重安江铁索桥　潘军翔/摄

祭桥、守桥、砍桥、暖桥、禳桥,是贵州一些侗寨中流行的民俗活动。

贵州少数民族节日多到令人目不暇接,与桥梁民俗有关的节日活动很多。布依族正月十五的赶桥会有代表性。

桥,是民俗民风的载体和记录者。桥,究竟是故事,是历史,还是文化?有时真是让人难以厘清。

肇兴侗寨风雨桥　王延川/摄

廊桥风采看贵州

贵州省现有廊桥文物38处，主要分布于黔东南苗族侗族自治州（简称黔东南州）、铜仁市和遵义市。廊桥文物以侗族风雨桥居多，主要分布于黎平、从江、榕江侗族村寨，以其能避风雨并饰彩绘而得名廊桥，是一种集桥、廊、亭三者为一体的桥梁建筑，桥壁上或雕或画有雄狮、蝙蝠、凤凰、麒麟等吉祥之物图案，形象洒脱，古香古色，栩栩如生。风雨桥这一廊桥文物是侗族建筑艺术的结晶。

如今，文旅融合、桥旅融合正推动廊桥文物"活"起来。随着贵州"村超"（乡村足球超级联赛）和"村BA"（"美丽乡村"篮球联赛）超级IP的火爆出圈，以黔东南州榕江、台江为中心的民族文物特别是廊桥文物渐渐走入公众视野，榕江大利侗寨、黎平肇兴侗寨已成为重要旅游目的地，迎来文旅事业发展的新阶段。

贵州省廊桥文物名录

全国重点文物保护单位3处：地坪风雨桥、金勾风雨桥、榕江大利村古建筑群。

贵州省省级文物保护单位6处：都匀百子桥、大路风雨桥、流架风雨桥、肇兴鼓楼风雨桥、从江增盈鼓楼和风雨桥、沿河红溪红军风雨桥。

市县级重点文物保护单位29处：绥阳盛家寨风雨桥、白石风雨桥、油渠沟风雨桥、高台风雨桥、碧峰风雨桥、老鹰岩风雨桥（复兴桥）、汪河风雨桥、剑河谢寨风雨桥、台江新寨风雨桥、从江往洞风雨桥、信地旱花桥、增冲寨脚花桥、佰伍花桥、里搁风雨桥、吾架风雨桥、三穗木界风雨桥、天柱硝洞风雨桥、阳山风雨桥、地湖风雨桥、平塘冷水风雨桥、凯里水寨花桥、锦屏偶里花桥、锦屏者蒙花桥、锦屏彦洞花桥、榕江太原花桥、黄平何家花桥、黎平高进花桥、德江青龙花桥、新蒲乐庄廊桥。

第五节 文化痕迹刻桥梁

贵州在深山大壑建造桥梁的同时，也把文化的痕迹镌刻在桥上。它们丰富多元，既有桥梁雕刻、桥碑、景观塑造等可触可摸的物质文化，又有桥梁历史、文学艺术、民俗习惯、价值观念等被人们普遍认同并能够传承的非物质文化。这是贵州古桥、老桥形成的另一道靓丽风景线。

出版于2021年的《贵州桥梁志》对此做过较为系统的介绍。

桥梁石雕

贵州古桥中的石雕石刻，主要展现在栏板、望柱、抱鼓石、养脸石、龙门石等石桥部位。此外，在一些石拱桥、石板桥甚至一些石墩木梁桥、伸臂木梁桥的桥头桥尾，也有不少石雕作品。

贵州古桥中雕石龙多者，较有代表性的，有都匀市遇仙桥、福泉市飞龙桥。

狮子在桥梁石雕中较为普遍。较典型的，是北盘江铁索桥岸边狮子、遵义公馆桥桥头狮子、兴义永康桥桥头狮子等。

桥梁摩崖石刻

贵州桥梁摩崖石刻众多，内容丰富。刻于南梁景定元年（1206年）的六枝拦龙桥摩崖建桥题记，刻于明永乐十四年（1614年）的毕节应星桥摩崖建桥题记，初建于明崇祯四年（1632年）的北盘江铁索桥摩崖石刻"铁锁盘江"以及刻于清光绪三十三年（1907年）的水城普济桥摩崖建桥题记等，较有代表性。

册三公路摩崖石刻　韦志胜/摄

摩崖建桥题记一大特点在于刻在崖上，难以移动，不易被破坏，成为见证古桥历史的重要文物。

花江铁索桥摩崖石刻　贵州省交通运输厅/供图

此外，摩崖造像也是桥梁摩崖文化的一个内容。在贵州，最具代表性的首推花江铁索桥"普陀真境"摩崖造像。

桥梁石碑

与贵州古桥有关的石碑形式多样，现存古桥中，遇仙桥碑林、葛镜桥碑林、复兴桥碑林较有代表性。

葛镜桥石碑　贵州省交通运输厅/供图

复兴桥碑林

此碑林在黔东南州天柱县岔处镇三门塘村，位于清水江边。碑林共有古碑十块，分别为清乾隆、嘉庆、道光年间所立。

遇仙桥碑林

黔南州都匀墨冲镇建有遇仙桥,桥北端立有一块石碑,上有"遇仙桥"三个红字。后有四块古碑,记载了清光绪二十四年(1898年)集资修建石桥之事。

毕节系列彝文桥碑

在民族文字桥梁石碑中,毕节古桥的一系列彝文桥碑较为典型。如水西大渡河建石桥记彝文碑,立于明万历二十年(1592年)。碑文为阴刻楷书,内容除记述安邦的谱系根脉和建桥经过外,还表彰安邦母子捐资建桥的义行。

桥梁文艺作品

桥 联

玉屏风雨桥联 贵州省交通运输厅/供图

第三章 意蕴悠远"桥文化"

• 贵阳头桥联

说一声去也，送到河头，叹万里长驱，过桥便入天涯路；
盼今日归哉，迎来道左，喜故人见面，把手还疑梦里身。

• 贵阳化龙桥联

晓霁虹犹波上卧；
秋高龙早雨中飞。

• 重安江铁索桥联

一线跨仙桥，步可安行。急滚滚惊涛永靖，关津其犹阻乎？喜车书万里遥通，直北威宁遵铁锁。
千寻挥鬼斧，喉能险扼。挺巍巍鸟道全开，山河诚足壮矣！愿冠盖两游蔚起，黔南形势奠金瓯。

• 镇远祝圣桥联

扫尽五溪烟汉使浮槎撑斗出；
辟开重驿路缅人骑象过桥来。

• 雍江石拱桥联

流水当门，人过横桥听贝叶；
尘嚣隔岸，天留净土种昙花。

• 合济桥联

（一）
南来北往由是任诸君进步；
东流西转于斯观四海回澜。
（二）
行到桥头三级连升开后步；
知周路径一条直去赶前人。

- 天恩桥联

事关国计民生,一片公忠投帝听;
功同山平水治,四方沾被颂神明。

- 瓮安穿洞"水中桥"联

桥从河底过;
云从水下流。

- 公馆桥联

竹不如松青且雅;
兰虽是草秀而香。

桥梁诗歌

- 度虹安桥

［清］洪亮吉

（一）
分半溪声作雨飘,暗风时复响铃箫。
百重花路行初透,又踏春红过小桥。

（二）
短蓬风卷落花多,却趁春晴曝雨蓑。
捉得鲤鱼长一尺,小舟如叶旋回波。

- 题霁虹桥诗

郡人汪成

荡荡和风积雪消,慢慢春水涨虹桥。
来时云海千寻浪,怒似钱塘八月潮。
况有鯈麟能变化,宁无健翮快扶摇。
想当送客朝天志,高挂云帆上九霄。

- 葛镜桥诗

（一）

丁尚固

葛镜成桥善意深，讹言豆腐到如今。

若非仿古寻真迹，枉费仁人好义心。

（二）

朱扶枢

溪山险阻竟沟通，百尺桥横峭壁中。

砥柱江流石不转，人谋亦可夺天工。

（三）

刘增礼

崇山对峙树声幽，一曲长虹映碧流。

最是犀江风景好，跨驴人去又回头。

- 锁江桥诗

丁步青

鸣鸠乳燕弄和风，行过溪桥度梵宫。

三里垂杨归径绿，一川荒草夕阳红。

传世画作中的贵州桥

邹一桂，字原褒，号小山，晚号二知老人，江苏无锡人。清雍正五年（1727年），以监察御史提督贵州学政，在黔六载。历任礼部侍郎，卒赠礼部尚书。贵州省博物馆藏有其《山水观我》图册，其中有图二十二帧，其中涉及贵州桥梁的画十帧。

近现代贵州画家画桥者，桂百铸、孟光涛是佼佼者。现当代贵州画家中，王振中的山水画，亦对贵州桥梁有所描绘。

第六节　斑驳古桥今安在

贵州的老桥，经历过木梁桥、石梁桥、石拱桥、铁索桥、浮板桥、风雨桥等多种桥型融合换代，种类渐渐齐全。贵州最早的铁索桥，是北盘江铁索桥；最早的浮板桥，当属榕江浮板桥。

设计精巧、各具特色的古桥，展现出一代代先民探索建桥成功道路的艰辛。他们用智慧和汗水，换来了座座桥梁的不同风景。

各式各样的古桥，铺架在河流、峡谷、沟壑之上，成为两岸、两地甚至多地之间能够互通的设施，总被赋予内容不尽相同的价值和意义。

而今天，这些桥已经成为激励人们追思以往、奋进未来的标志性建筑。就让我们走进一些典型性古桥。

普济桥

此桥位于遵义市红花岗区高桥街，始建于南宋嘉定年间（1208—1224年），由播州安

遵义普济桥（摄于20世纪40～50年代）　贵州省交通运输厅／供图

抚使杨繁建造，是贵州有史记载最早的桥，因附近有普济寺而得名。元明时期，经历几度毁建，现存的为单孔弧形石拱桥，长 14 米，净跨 7 米，高 5 米。1985 年被列为贵州省文物保护单位。

深河桥

此桥位于黔南州独山县城北约 9 千米处，建于明隆庆五年（1571 年）。桥高 16 米多，跨径 12 米，长 37 米。曾在抗日期间被毁，后又重建。

独山深河桥　贵州省交通运输厅 / 供图

祝圣桥

祝圣桥位于黔东南州镇远县城，又名"老大桥"，因横跨㵲阳河，还称"㵲溪桥"。该桥为青石建造，始建于明万历三十七年（1609 年），明清两代几度毁建。桥长 123 米多，中建三重檐八角攒尖顶"魁星楼"。1949 年桥曾被毁，新中国成立后修复使用。如今，此桥供观赏、人行两用，为全国重点文物保护单位镇远青龙洞古建筑体的重要组成部分。

镇远古城祝圣桥　陈林/摄

小七孔桥

此桥位于黔南州荔波县西南部响水河上，距县城28千米，建于清道光十五年（1835年）。拱桥单孔径跨度1.8米，碑额楷书阴刻"万古奥桥"四字，小七孔桥为荔波樟江国家重点风景名胜区主要景点之一。

荔波小七孔桥　李贵云/摄

大七孔桥

大七孔桥又名双溪桥、万善桥。位于黔南州荔波县王蒙乡孟塘河上。建于清道光二十七年（1847年），清光绪三年至十年（1877—1884年）重修，碑额楷书阴刻"双溪桥序"四字。是由黔入桂的重要桥梁，为荔波樟江国家重点风景区主要景点之一。

荔波大七孔桥　贵州省交通运输厅 / 供图

迎红桥（丰乐桥）

此桥位于遵义市红花岗区海尔大道北端。桥跨洛江，为五孔圆形拱桥，长60米，宽7米，建于清咸丰元年（1851年），桥名取"年丰民乐"之意。1936年1月9日，遵义人民在丰乐桥迎接红军进驻遵义。1966年，丰乐桥易名为"迎红桥"。

遵义迎红桥　贵州省交通运输厅/供图

第三章　意蕴悠远"桥文化"

鹅翅膀（螺蛳）桥

此桥位于黔东南州施秉与镇远两县交界处，俗称"马路打疙瘩"，人们又因其形象称之为螺蛳桥。此桥是20世纪20年代贵州第一座公路立体交叉桥，也是我国最早的立体交叉桥之一。桥梁所在路段形似鹅翅膀，为螺旋形展线，此处古有驿道蜿蜒而上，为兵家必争之地。

施秉鹅翅膀桥　陈沛亮 / 摄

第四章

通江达海
铁路桥

第一节　见证铁路建设历史风云

贵州从"飞鸟不通"到通江达海，公路桥梁屡建奇功，铁路桥梁也同样功不可没。

铁路是贵州挣脱大山羁绊的另一条大通道。

矗立在高山峡谷中的一座座铁路桥梁，就是贵州铁路从无到有、从有到快、从快到好，一步一个脚印，不断突破交通瓶颈，纵贯中国、走向世界的见证者。

回望来程，贵州的铁路建设发展，已经历了四个既不相同又有关联的历史阶段。不同时期的铁路桥梁，各有各的故事。

"独路难行"阶段——1939—1949年

1904—1905年，有识之士曾发起组织"贵州铁路矿务总公司"，向清政府申请立案，准备在省内外招股修建铁路。宣统三年（1911年），贵州巡抚沈瑜庆奏请清廷拨款兴建贵渝铁路，未获重视。此后，英国、法国亦欲插手贵州铁路建设，因受到社会舆论抵制而作罢。

1919年，中国民主革命的伟大先驱孙中山先生在其《建国方略》中提出"建设西南铁路系统蓝图"，设计的广州至重庆、成都的铁路，均经过贵州，同时还有建设贵州至湖南、贵州至云南的铁路计划。可惜由于连年战乱、财力薄弱，这些计划都难以实现。

抗日战争期间，国民政府抢修黔桂铁路。1943年，泗亭至独山段通车；1944年，柳州至都匀段通车。黔桂铁路全长约467千米，贵州段约170千米，这是贵州省第一条铁路，也是西南地区第一条准轨铁路。但因桂林失守，当局为阻敌前进，又将刚通车的这条铁路都柳段彻底破坏。后来，黔桂铁路虽然修复后短暂分段通车，但全线修复工程都未能向前铺轨。贵州解放前夕，短暂通车的都匀至丹江段铁路又一次被国民党溃军破坏。

1939年开始修建的湘黔铁路，1941年计划修建的云南昭通至昆明、途经贵州威宁的窄轨铁路，最终均未建成。

实际上，直到新中国成立之际，贵州并没有一条真正意义上的运营铁路。

在那样一个时代里，即便千难万难成就了一条铁路，也只能是"独路难行"。路且如此，何论桥？自然更加乏善可陈。

"十字交汇"阶段——1949—1978年

新中国建立，百废待兴。贵州铁路建设开始提上日程，但其间也是波折不断。由于种种原因，20世纪50~60年代，省内一些开工铁路相继停工。可喜的是，其间也有一些铁路相继建成。1958年12月，黔桂铁路都匀至贵阳段建成通车；同时铺开川黔铁路（赶水—贵阳）、滇黔铁路（贵阳—六枝）、内泥铁路（宣威—威宁）等铁路建设，并组织湘黔铁路都匀至凯里段施工。到1961年，省内铁路通车里程为400千米。

自1964年起，铁路建设力度得以加强。到1978年，贵州铁路干支线通车里程达到1406.3千米。黔桂、川黔、贵昆、湘黔4条干线呈"十"字形交汇于贵阳。4条干线与开阳、水大、湖林、盘西、路茂5条支线以及123条铁路专用线一起，外通周边省区，内连省内主要工矿企业、国防工业基地，初步形成了以贵阳为枢纽的铁路骨架网。

艰难困苦，玉汝于成。从1949—1978年，只用了不到30年时间，贵州从没有一条运营铁路，到拥有1000多千米北上、南下、西进、东连的铁路干线，使省会贵阳坐拥不容小视的"西南铁路枢纽"地位，作用举足轻重。在当时的历史条件下，这是振奋人心了不起的发展成绩。

桥梁多，是贵州铁路的一大特点。桥桥相连、桥隧相连，都是贵州铁路线上的寻常景观。桥隧占贵州境内铁路线路里程的60%以上，有的路段甚至高达80%~90%。这些桥，以其跨度大、桥体高、桥面长，默默提示人们，当年征服群山、凿开道路的壮举何其艰难！

这些桥梁，诞生于难忘岁月，至今雄风不减。

省内第一条铁路黔桂铁路，在贵州境内有桥梁89座，总长超过18千米。其中，石板河1号桥、2号桥，张家山1号大桥，都在当时历史条件下体现出创新色彩。

石板河1号、2号桥均为石拱桥，修建地石质多为石灰岩，苏联专家建议禁用。后来，中方请苏联专家到贵阳甲秀楼察看明代修建的石灰岩桥，此桥历经四百多年风雨仍然牢固如初，苏联专家方才消除疑虑，统一大量采用石灰岩建桥。

全长120多米的张家山1号大桥，位于峡谷之中，只有3、4、5号桥墩位置比较平缓，其他均在山坡上，运输、堆料、挖基、弃土、放炮都受限制。建设者周密筹划，采用分步施工、分段运料、架空索道等新思路、新技术、新工艺，圆满完成了任务。

第四章　通江达海铁路桥

林歹至织金铁路纳界河大桥　尹刚／摄

川黔铁路上的乌江大桥，成就于不断探索、不断创新的过程中。这座大桥位于贵阳市息烽县乌江镇。乌江流至此处江面顿然宽阔，原设计拟就地取材，建造大跨度石拱桥，后发现基岩中夹有软弱层而改建梁桥。施工中，先后遭遇钢板桩难以打入硬岩层、围堰堰底渗水等难题。桥梁上部采用新型结构，运输、铆接、吊装，困难前所未见，但都被建设者一一克服。

贵昆铁路，东起贵阳，西经安顺、六枝、水城、树舍转向南，在天生桥跨进可渡河进入云南省。线路上有大小桥梁 312 座，其中大桥 80 座、中桥 91 座、小桥 142 座。

湘黔铁路上的桥梁也可圈可点。

马拉大桥，是湘黔铁路全线最长的特大桥，全长 630 米。桥长、墩多、工程量大，为推进工程进度工程组采用了一系列新技术，创造了一昼夜灌注混凝土 15 米高的新纪录。

箭杆河大桥，总高 78 米，是湘黔铁路全线最高桥梁。两桥台建在悬崖峭壁上，桥墩立在深涧急流中，地质情况异常复杂。此桥采用空心墩新技术，建设者们在作业难度极大的施工平台上日夜奋战，全桥比计划提前 28 天完成。

南昆铁路贵州段，扳其 2 号大桥在国内首创将梁顺着线路弧形设计成平弯梁，使大跨度连浇结构用于曲线上，从而解决了选线的重大难题，节约了大量资金。

一个时代有一个时代的诗篇。"十字交汇"阶段的铁路桥梁,留下了那个艰苦拼搏年代的永恒纪念。

"全面提速"阶段——1978—2005 年

改革开放为贵州铁路建设注入强大动力,贵州铁路从规划建设到运营管理都发生了翻天覆地的变化。

1978 年,贵州成为铁路建设"决战西南"主战场。5 年跨世纪会战,株六复线、水柏铁路、渝怀铁路先后建成通车。株六复线是中国铁路骨架网"八纵八横"重要组成部分;水柏铁路是贵州省第一条合资铁路;渝怀铁路通车,铜仁结束了不通火车的历史。

到 1991 年底,贵昆、湘黔、川黔三条铁路干线实现电气化,贵州是当时全国铁路电气化比例最高的省份之一。

内江至昆明铁路毕节李子沟大桥　李贵云/摄

贵州铁路的"全面提速",推动经济社会发展跃上新台阶。

株六复线贵州境内,新建和改建桥梁200座,其中特大桥有7座:瓮塘特大桥全长528米,重安江特大桥全长625米,苦李井特大桥全长540米,南山河特大桥全长552米,新马拉特大桥全长633米,新冷水河特大桥全长548米,贵定特大桥全长815米。

内江至六盘水线上,贵州、云南两省交界处的花土坡大桥,是20世纪90年代国内已建成的最大跨度单线铁路梁桥,桥墩为亚洲高度之最。大桥"构思新颖、技术先进、安全可靠,在国内处于领先水平"(专家语),先后获评中国建设工程鲁班奖、中国土木工程詹天佑奖。

渝怀铁路贵州段,也因特大桥、大桥、中桥、小桥兼具,而被人津津乐道。

"通江达海"阶段——2006年至今

贵广铁路从申请立项到全线开通,历时近8年,2014年通车运营,贵州从此迈入"高铁时代"。到2023年,建成贵阳至广州、昆明、长沙、成都、南宁高铁和至重庆快速铁路,形成以贵阳为中心的"六向通道"高铁主骨架,实现了贵阳与周边省会城市及全国重要城市的高铁连接,融入全国"八纵八横"高铁网,形成2~7小时交通圈,贵阳作为全国十大高铁枢纽目标实现。2023年,贵阳至南宁高铁建成通车,西南和华南地区新增一条交通大动脉。预计2025年,盘兴铁路建成通车,贵州"市市通高铁"将从蓝图变成现实。

建设贵阳国际陆港,是这一阶段贵州铁路"通江达海"的一个亮点。2018年,贵阳国际陆港有限公司(原贵州铁投都拉物流有限公司)出资建设贵阳国际陆港(原都拉营国际陆海通物流港)。项目处于观山湖区、云岩区、南明区、白云区、乌当区几何中心,位于贵阳北部高新技术产业经济带,毗邻贵阳综合保税区,目标就是助推"黔货出山,外货入黔",打造贵州内陆开放型新高地门户,带动经济社会高质量发展。

"高铁时代"是贵州交通发展的壮丽篇章。

铁路桥梁是其中一个个振奋人心的看点。它们既是伟大时代的产物,也映射着伟大时代的灿烂辉煌。

贵广高铁是中国西南地区第一条山区高速铁路。代表性桥梁有圣泉1号特大桥和南明河双线大桥,都在2008年开工,2014年建成通车。

贵广高铁掠影　彭庆模／摄

多·彩·贵·州·桥

成都到贵阳高速铁路，乐山至贵阳段桥隧比重达到 78% 以上，有桥梁 365 座，约占全线总长的 30%。重点桥梁有：鸭池河大桥、金沙口特大桥、南广河双线特大桥、香坝河特大桥、吊南河大桥、落脚河大桥、西溪河大桥等。其中，鸭池河大桥是全线跨度最大的桥梁，是世界上第一座用于双线高铁上的中承式空腹钢混结构提篮拱桥，对世界同类桥梁设计施工具有示范意义。

成贵高速铁路在极其特殊的山区环境中，发展和验证了中国高速铁路技术，出现了多个世界级创新。除鸭池河大桥外，建成首座钢管混凝土转体拱桥西溪河大桥，实现双向空中转体，也是建桥史上的大手笔。

成贵高铁西溪河大桥　曹经建/摄

长昆客运线贵州段，是世界上地势起伏最大、地质构造最为复杂的线路之一，桥隧比高达 81% 以上。克地坝陵河大桥极具代表性，主跨跨度 168 米，为世界同类高速铁路大跨桥梁之最；主墩墩高 104 米，为国内外首次在喀斯特地区高铁建设中采用的大口径深桩基超高墩。大桥桥位选择难度大、设计控制因素多、地质情况复杂、梁体及基础设计和施工难题集中、环保要求高，但困难吓不倒英雄汉，建设者用了整整 6 年时间，让贵州深山平添一项壮美工程。

北盘江大桥、德坝大桥、黄织铁路桥、播丫河大桥、武佑河大桥、南江大桥、田坡头大桥、雷打岩大桥、背后河大桥、卡龙河大桥……也以技术的高超先进、创新的丰富多彩、桥型的千姿百态，与山河交相辉映，折射出贵州"高铁时代"的如虹气势。

贵州铁路，从"蒸汽机时代"到"内燃机时代"，再到"电力机车时代""高铁时代"，见证了"一心为人民，一心谋发展"的壮丽征程。铁路桥梁，作为贵州交通高速发展的一部分，成为中国式现代化提速的强大推动力。

第二节 踏碎"高""难"造"提篮"

鸭池河索风营水电站库区,一泓碧水,倒映两岸峡谷青山,像一幅葱茏蓝绿的画卷,让人眼前一亮。

由北上行8千米,蓝天白云之下,碧水山峡之间,一座形似硕大提篮的铁路桥梁飞架在生机盎然的蓝绿之间,给这幅鲜亮夺目的画卷又增加了一个更亮丽的看点。

这座状似提篮的桥,就是成贵高铁贵州境内唯一一个主要控制性工程——鸭池河大桥。

历时3年建成的鸭池河大桥,是世界上第一座用于双线高速铁路上的中承式空腹钢混结合提篮拱桥,也是成贵铁路上跨度最大的桥梁。此桥全长971米,主跨跨度436米。桥址为典型的喀斯特高原峡谷地貌,河道两岸地势险峻,部分岩崖与河面夹角达到90°。而且,碎石土厚一般在3~5米,局部地段8~12米,雨季很容易出现滚石、塌方,稳定性极差。有人形容,在这样的地基上建桥,有几分像在豆腐渣上建房。

摆在建设者面前的,是"四高"和"六难"。

主桥施工的主要起重设备缆索吊机,塔高184米;拼装钢塔使用的4台塔吊,高度都超过200米。

大桥基础底面与拱顶高差达150米,作业面与鸭池河水面高差270米,高空作业多。

桥址处最高风速25.8米每秒,相当于刮起十级狂风;但主拱肋采用斜拉扣推法悬臂吊装施工,吊装节段重,悬臂时间长,施工风险极大。

桥梁处于马家寨至大锅寨鸭池河段,属索风营水库库区范围,环保要求高。

施工本就难以施展拳脚,"四高"又一高胜似一高,犹如顽石挡道,绊手绊脚。

成贵高铁鸭池河大桥　胡天耀/摄

再看"六难",更让人头皮发麻——

交通不便进场难。桥址两岸不是陡峻斜坡就是峭壁,38千米进场路,崎岖狭窄,坡大弯急,还穿越多处村庄,材料、设备运输进场要过很多坡坡坎坎。

场地狭小布置难。桥址附近多为陡峻斜坡、峭壁和冲沟,高差大、平地少,再加上众多临时结构和临时建筑场地布置有如"见缝插针",整个施工环境,唯有"恶劣"二字可以形容。

开挖施工难。大桥拱柱基坑须下挖44米,合计挖方量有7.54万立方米;采用的又是大体积混凝土施工工艺,质量要求高、工期紧、任务重、施工难度大,实属罕见。

施工技术难。钢拱肋采用"H"形、箱形组合的桁架结构、栓焊结合联接方式,加工

制造和拼装线型精度要求高。采用大跨度横移式缆索吊机整节段吊装、斜拉扣挂法悬臂拼装，施工技术难度大。

繁琐作业施工难。大桥拱肋混凝土包括钢桁拱全包混凝土、钢桁拱上下弦结合混凝土板、钢桁拱上弦结合混凝土板等多种形式。其中，全包混凝土段位变截面、空心，斜度约为53°，坡度陡，钢筋密，材料运输难，施工工效低，每走一步都面临巨大挑战。

推行新工艺面临新困难。大桥施工首次采用新工艺。主梁为单箱三室预应力混凝土结构，吊杆区长204米，施工采用满布吊架堆成分段现浇方案，线形控制难度很大。

"四高"加"六难"，唯有砥砺前行，攻坚克难。

听建设者们诉说往事，能知道什么是"困难压不到英雄汉"，为什么成功来源于"越是艰险越向前"。

大桥建设领军人（曾在省内外多座顶尖桥梁施工中挑大梁）的心声——

路都是人走出来的。

要在这么荒僻的地方，建造一座世界级桥梁，再是铁打的队伍，在艰苦的环境中，大家也有情绪低落的时候。作为项目领军者，我只能以风趣幽默的语言和自己孜孜不倦的示范行动鼓舞大家，成为整个队伍的主心骨。早出晚归，午饭就在山中靠一块面包解决。没有水，二话不说带领大家漫山遍野找水源。山谷里找不到水，就想方设法在鸭池河两岸各接通一条管路，把离桥面200余米深的河水抽上山。没有电，只有奔走各方，最后在地方政府和指挥部的大力支持下，接通了一条横跨鸭池河的输电线路。

"三通一平"的"苦""难"刚过，缆索吊（扣、缆塔）、墩身、钢桁拱、拱肋外包混凝土等多层交叉作业施工的更大难题又接踵而来。我坚持认为，抓住关键施工方案，就找准了攻坚克难的抓手。只要施工需要，我都会在现场与一线管理者、工人一起看图演示，研究施工组织方案的操作改进和不断优化，解决了一道又一道技术难题。

眼看着大桥走过了入场之初的婴儿期，下部结构施工的青春期，进入主拱架桥的成熟期，最后成为大山深处一件宏伟壮丽的建筑作品。我最想说的话，就是一如既往、一往无前，就这样干下去。

一位血气方刚的青年技术人员，参加过武广高铁、武汉长江二七大桥和沪昆高铁的建设。2013年底，借贵州铁路大会战的东风，回到了家乡，参加成贵铁路鸭池河大桥的施工。

他这样倾诉自己的心声——

站在故乡的土地上，俯瞰乌江水，仰望乌蒙山，思绪万千，百感交集。心中默念：从头再来，与鸭池河大桥共成长。

在工地上待了两年多，鸭池河大桥建设的"高、难、险"给我留下了深刻印象。可以说，是家乡山水的灵性给了我智慧，是乌蒙山的高大雄伟给了我力量。肩负着建桥人的责任和担当，怀揣着对家乡执着的爱，无论汗水怎样打湿衣裳，无论这样那样的烦心事怎样纷扰心间，我都不停行走在峡谷之间，攀爬在高塔上。只有默默前行，把所有心思都用在大桥建设上，这也就是我的初心吧！

老家大方距鸭池河大桥工地不足百里，他却极少回家。兄弟俩，他是老大，年过花甲的父母对他的行为有些不解，他只能在电话里对二老解释："工地离不开儿子，大桥离不开儿子，我有空会回来看你们的。"但这个"空"何其难得。母亲查出患有癌症，他匆匆赶到医院，办完住院手续，安排好看护人员，流着眼泪，又匆匆赶回工地。屋漏偏逢连夜雨，母亲住院不久，父亲因翻修房屋，不慎从屋顶掉下来摔伤了腰，他回家只待了两天，托付好照看的人就返回工地。家事再多，在他心中，建桥的事最大。

大桥钢拱在攀升，乌蒙汉子在成长。他从工程部门负责人成为项目部副经理，全面主持一线工作。

工程"高""难""险"，安全问题凸显。

鸭池河大桥建设期间，连续实现安全生产920天，一时成为"新闻看点"。

人们在一连串数字后面，发现有两个不能忽视的数字："13+10"。

13位群众安全生产监督员，人称"不下火线的13名安全守护者"。

班前10分钟活动，规范操作形成雷打不动的习惯。

听听人们怎样说这13位群众安全生产监督员——

项目部组建伊始，就成立了"群众安全生产监督员"活动领导小组。群众安全生产监督员都是生产上的骨干人员，不是"花瓶""摆设"。监督班前10分钟活动开展情况，强调当天施工进驻中要注意的安全事项，签字确认参加施工人员，手机拍摄活动实况，上传存档。同时，还要对责任区安全隐患进行排查，一旦发现违规作业，就进行现场处理；还要参加生产调度会，汇报当天安全执行工作。

本来就是生产骨干，又把安全生产同本职工作贯穿一线，安全生产这根弦怎么松得了？

攻克"高""难""险"，天堑变通途。

建成后的鸭池河大桥，像一个巨大的花篮，高悬于青山簇拥的鸭池河上。让人产生天女散花的遐想。

建设者们骄傲地说，这"花"真有，就是建设过程中那些让人不能忘记的技术亮点。

他们还想在高山峡谷间，造出更多这样光彩夺目的"花篮"，让贵州大发展的征途更加鲜艳灿烂。

第三节　别样"桥梁"通四海

贵阳综合保税区，坐落在白云区都拉乡。

贵阳国际陆港概貌　龙永/摄

从保税区走出去约3千米，可见山和山之间架着一座不大起眼的铁路桥。这桥，长不过200米，几个桥墩也不显高，在铁路桥梁中充其量只能算个"小字辈"，平凡得人们都不知道它唤作什么名字，平凡得来来往往的列车从桥上呼啸而过，很快就消失了。

可当你迈开脚从桥的下面往里走，就会越来越感到此桥有些不一般，同列车从桥上一驰而过的感觉完全不一样。

只见川黔（渝黔）铁路从一片大大的园区穿过，向南直接连接黔桂货运铁路。成百上千个蓝色、橙色、黄色的集装箱，一排排摆放在铁道线旁；吊机旋转着，把货柜装上或者卸下火车，一派忙碌景象。这里是开通近3年的贵阳国际陆港。

第四章 通江达海铁路桥

贵阳国际陆港　贵州铁投集团/供图

贵阳国际陆港，是贵州整列发出的中欧班列的起点。

截至2023年12月，已有63列中欧班列从这里出发，穿越中国西南的崇山峻岭，直达欧洲大陆，发送"黔货"48 000多吨。

这个"港"，也是"黔货出山，外货入黔"铁海联运"一港通"的起点和落点。

远离海洋的贵州，凭借贵阳国际陆港这个枢纽，与盐田港、赤湾港、妈湾港、广州港、钦州港、防城港、北部湾一脉相连，把沿海港口功能"搬到"家门口，让贵州企业就地实现报关报检、订船订舱、结汇退税、清关检放，感受到与沿海港口一样的快捷方便。

有人说，贵阳国际陆港，如同贵州内陆型开放高地上一座特殊桥梁，一下子就把贵州拉到了"黄金海岸"。

这座"桥"的诞生，与贵州希望通过铁路实现"陆海相连"的长远谋划紧密相关。

贵州不沿边、不沿江、不沿海，融入国际经济发展格局，显然是一"短"。

如何让"短"变"长"，就看事在人为。

让"短"变"长"，贵州已有动作在先。

2018年，贵阳国际陆港有限公司出资建立贵阳国际陆港，园区交于观山湖区、云岩

区、南明区、白云区、乌当区几何中心，处于贵阳北部高新技术产业经济带，毗邻贵阳综合保税区，是全国首个综保型国际陆港。2022年开港运营，年运输能力达到500万吨。

2022年，春风劲吹，建设"贵州陆港"机遇凸显。

《国务院关于支持贵州在新时代西部大开发上闯新路的意见》（国发〔2022〕2号）提出"支持广州港、深圳港在贵州设立无水港，支持贵州积极对接融入粤港澳大湾区建设"。

贵州省第十三次党代会要求"建设贵阳至广州港、深圳港等铁路集装箱货运大通道"。

2022年8月，打造贵阳国际陆港思路应运而生，蓝图迅速变成实际，贵州唯一的"无水港"贵阳国际陆港正式开通，贵阳国际陆港有限公司负责贵阳国际陆港的投资、建设、运营和管理。

贵阳国际陆港一路顺风顺水。

一座史无前例又特别的"桥"，让贵州既沿边又沿海，一改往日模样。

往昔为山所困的黔货，踏上这座"桥"，便能从此通过满洲里口岸，经过俄罗斯，直达欧洲中部。仅在2022年的前10个月里，通过这个口岸发出的中欧班列便达34列。

2023年7月，贵阳国际陆港直达中亚班列又举行了首发式。列车满载着1500余吨床垫、婴童用品、瓷砖等"黔货"，缓缓开出贵阳，经由霍尔果斯口岸出境，一路向西驶向哈萨克斯坦阿拉木图热特苏站；返程时又从哈萨克斯坦向贵阳运输1300吨农产品。

一条快捷方便的国际货运大通道，在贵州山区与中亚腹部的土地上闪亮登场。

在此前后，围绕这座不同凡响的"桥"，可谓喜讯频传。

贵州开放通道建设迈上新台阶，贵州中欧班列纳入图定班列，线路覆盖莫斯科所有站点和欧洲腹地马拉舍维奇、汉堡、布达佩斯。

中老铁路货运班列成功开行，西部陆海新通道铁海联运班列常态化开行，中老铁路国际货运列车与中欧班列贯通运营，初步形成多向国际大通道顺畅衔接的重要国际货运枢纽。

向北、向西、向南、向东，全力打造山区型对外开放高地的贵州，由此进入了连接欧洲、RCEP和北部湾、粤港澳大湾区等区域的"朋友圈"，一时间海阔天空。

一座不一样的"桥"，克服了贵州曾经的千难万阻。

没有边境口岸，没有沿海港口，黔货出山、外货入黔，都难免路途遥远，耗时耗力又耗财。一宗黔货，千里迢迢运到口岸，货需要重新装卸、检验、填报、通关，样样都要耗费时间、增加成本，甚至因此多出几分风险。许多企业不堪其难，生产营销积极性无法高涨。

在国际市场有一定竞争力的贵阳海信电子产品，就吃了这样的苦头。

以前，进出口转关货物要在申报地和广州南海港办接通关手续，环节多、时间长、成本高，像电视机这样的产品，在口岸开拆集装箱后，还可能造成货物损坏。铁海联运"一港通"，只在贵阳海关一次性办理通关手续，就可从贵阳国际陆港一路将货物运抵船舱，可谓百难化于"一港"，千难上"桥"皆成云烟。

贵阳国际陆港作为一座特殊"桥梁"，还将各种资源集于一方，多方发力，实现共赢。

与口岸海关建立"监管互认、极速通关"模式，实现陆港"一次申报、一次查验，一次放行"，压缩企业通关时间50%以上。

与沿海七大港口签订合作协议，报关、订船、验放不再打"时间仗"，难事不再难。

踏上这座"桥"，进出口企业的感受颇有共性：

贵阳国际陆港实现了港口、口岸功能内移，企业在"家门口"就能办好通关手续；海关、检疫、卫检等监督机构也上门服务，交通成本减少了，通过效能提高了，"黔货出山""外货入黔"都很方便。

看准这一优势，重庆、上海、成都、新疆等地多家货运代理企业，都纷纷进驻陆港，从事货物集散。

在企业家和运营商眼中，贵阳国际陆港融合了综保区、物流港、监管场所的政策、功能和区位优势，前景不可限量。

贵阳国际陆港　贵州铁投集团/供图

让贵阳国际陆港畅行无阻，成为各相关部门、企业的共同愿望。

贵州最大的铁路货运站贵阳南站，不断深化与贵州铁路投资集团的合作机制，确保班列运输方案、空车调配、箱体选择、运力保障、装载加固等关键环节个个落在实处，保证班列准时准点顺利开行。

省商务厅、贵阳市政府整合贵州铁路投资集团、贵州现代物流集团、贵州高速公路集团以及贵州省多式联运公司、贵阳国际陆港公司等企业的优质资源，由贵州物资国际货运公司及贵州飞力达供应链管理公司等多家公司组织，实现了多类"黔货"首次通过中亚班列到达远方。

"桥"达路自宽，更多"黔货"飞洋过海，高调出山。越来越多的"外货"，也因为有了"桥"，进山的路更顺畅。

贵阳国际陆港运营后，贵州中欧班列较起初增加了4倍。从2023年起，又由单趟列车50个大柜上升到55个大柜。

通过一座"桥"，享有国际声誉的"黔轮胎"，每月通过铁路、港口，走向世界。

通过一座"桥"，贵州生产的吉利汽车KD件，每月在国际陆港装箱经黔粤班列抵港出境。

通过一座"桥"，每月有国外饲料用粮走进贵州，助力养殖业发展。

通过一座"桥"，贵州烟草、铝卷等优质产品不断进入国际大循环。

建设山区型开放高地，贵阳国际陆港不愧是其间一座打通山海间隔的"桥梁"，发挥出不同寻常、不可替代的作用。

这座不一样的"桥"，前景不可限量。

国际陆港二期建设持续推进，围绕完善港区功能和为城市发展服务功能加强重点建设。贵阳市则在制定一个更加宏大的计划，区、港、产、城联动发展，城在港中、港在城中，区港融合，国际陆港面积将达5.4平方千米。

到那时，贵阳国际路港，这座"桥"将何等壮丽辉煌！

第四节 插上创新的翅膀

瓮马（瓮安至马场坪）铁路线路不算长，但重要性却相当明显。它在贵州铁路主干线之间蜿蜒穿插，完善了路网结构，让沿线富集的矿产、农产资源走出大山，推进沿线的协调发展。

瓮马铁路背后河特大桥　贵州铁投集团/供图

瓮马线上有两座在建的特大桥——湘江特大桥和乌江特大桥，施工的地段都是山清水秀的去处，不是自然保护区，就是风景名胜区、公益性林区。在这样的地方建设铁路桥梁，让人心旷神怡，但严格的生态、环保等要求，也往往成为横在施工组眼前的一道道难题。

时势造就英雄，奇迹就在破解难题的过程中呈现。

湘江特大桥桥址区跨越瓮安县珠藏镇和遵义市播州区铁厂镇，全长723米多的桥梁，设计为三塔双索面连续刚构矮塔斜拉桥，最大墩高165米，最大塔高220米，为国内单线货运铁路第一高墩。

到桥梁建设工地走走看看,可以用"耳目一新"四个字概括观感。

青山叠翠,一湾碧水静静流淌。这里的湘江,不是湖南省那条著名的江,而是乌江的一条支流,它不是那样波澜壮阔,但也自有它的韵味。山上鸟鸣,水面鹭飞,几个偌大的桥墩穿越山水之间,像极了一个自然天成的大公园,只是现场没有想象中那种热闹的施工场面。

湘江特大桥(在建)效果图　贵州铁投集团/供图

工地负责人介绍,工程正在按计划顺利进展,只要有技术优势这一攻坚克难的利器,不用人海战术,也能战胜接踵而至的艰难险阻。

湘江特大桥建设中的难点,说出来一串连着一串。

首先是穿越国家二级公益林保护区,又在湘江之上,环保、水保要求高。

地处高山深割"V"形峡谷,喀斯特不良地质条件特别突出。高墩大桥技术难度大,峡谷横风劲吹,施工安全难度也不小。

现代科学技术在这里找到了用武之地,人工智能在铁路桥梁建设中大显身手。

针对环保、水保要求,施工组提前制定专项方案,施工必须按方案进行。无人机航拍后,采用软件参数化建立模型,整合后规范整个现场施工。还采用北斗系统,对周边不良地质情况实施监测,确保安全施工。

"智能化"修建湘江铁路特大桥,最耀眼的亮点是"云端建造工厂"。

"云端建造工厂"是建设单位凭借超高层核心筒集成平台的技术优势,根据以往施工经验,研发出的一种模块化可周转高塔施工装备集成平台,俗称"造墩机"。"造墩机"将室外高空作业变为类似工厂环境的室内作业。智能顶升控制系统、多功能钢平台总控系统、高周转模板、智能控制监测系统、防护及附属系统,一个个新名词,一件件新事情,创造出前所未见的崭新建设场面。

数据最能说明问题,事实胜于雄辩。

在"工厂"里造桥,施工安全真正有了保障,施工速度大为提高。现场实测平均工效一天上升1米,比传统手段一天0.8米大有提升,最快还可达到每天1.1米。

运用智能控制及监控系统,桥墩误差限制在1.5厘米以内,完全符合既定方案要求。

顶升系统内置于桥墩箱体内,3组附墙及支座与桥墩内壁连接,增强了结构的整体性,抗风和抗倾覆能力相应提高。

顶升控制系统采用一站式智能同步运作,北斗位系统监测、结构应力应变、映像监测、风速风向监测、环境温度监测,都可通过云端平台实施。建设者们说,现场上没有了传统施工的千军万马,但"智能化"的神奇力量又远胜千军万马。

乌江特大铁路桥位于瓮马铁路北延伸线上,桥址环境条件更为复杂。建设者们有一个共识:除了技术上的难度,其实环境条件带来的问题更加严峻,甚至成为值得桥梁建设界研究和探讨的科学命题。

乌江特大桥(在建)效果图　贵州铁投集团/供图

第五章

美美与共
新风景

第一节　桥也是一种"绿水青山"

镇胜高速公路坝陵河大桥建成时,以"国内第一,世界第六"大跨径钢桁梁悬索桥之名让人震撼。因为高,桥下面奔流的河水,看上去像一根蜿蜒飘动的绿带子;因为长,便更像一只长长的臂膀,牢牢拉住了两岸高耸而苍翠的山。更加奇异的是,桥体中间还设有空中步道,人在步道里走,听风在耳边呼呼响,看什么都宛如身处仙境般梦幻。你就会忍不住遐想:这不一般,就是现成的奇特风景,这里会不会被开辟成一个不一般的景点?

2017年夏天,一个贵州人自驾去云南,途经已建成的坝陵河大桥,看见的事情让他终生难忘,"一路上翻山越岭,看尽风景人文。但是,印象最深的,却是坝陵河大桥"。

坝陵河大桥边的民宿　薛万银/摄

坝陵河大桥不仅高、长、险，还是开展极限运动的好地方。坝陵河大桥的蹦极平台，垂直高度距离桥底370米，超过"世界最高商业蹦极设施"吉尼斯纪录创造者——澳门旅游塔223米的高度，创造了新的吉尼斯世界纪录。

毕都高速公路北盘江大桥极限跳伞　　陶亮/摄

大桥上景色何等壮观！

桥面上车辆飞驰，天空中飘散着五颜六色的降落伞。跳伞选手和蹦极爱好者，从坝陵河大桥一跃而下。

2017年2月，交通运输部、国家文化和旅游部等六部门联合印发《关于促进交通运输和旅游联合发展的若干意见》，交通与旅游携手并进的文章在贵州精彩开篇，坝陵河大桥真的成了一个富有特色的旅游景点。

无中生有，借景生景，人们思路一下子开阔。绿水青山并不只局限于自然，在贵州，道路桥梁本身就是风景，它是一种新的"绿水青山"。"高速公路平原"让贵州人迅速走出大山，交通与旅游一旦携手，就能把更多山外的人吸引进贵州的大山。

坝陵河桥址，本就是一个有故事的地方。三国时期，蜀汉军队在这一带鏖战；以关羽儿子关索命名的关索岭，据传诸葛亮曾经带兵晒甲的晒甲山，都与坝陵河隔河相望。这地方离黄果树景区也不远。

"为什么不能借景造景？"坝陵河大桥从制定设计方案起，就确立目标——借黄果树景区的山山水水，创造一个前所未有的新景区，建成贵州具有划时代意义的地标性建筑。

后来，这个构思被称为贵州桥旅融合的1.0版。

标准之高，要求之严，当时贵州桥梁界见所未见。

历经否定、修改、完善，用了两个月时间，大桥设计方案终于顺利通过。该设计的主旨就是在这个风景如画的空间当中，完美融合桥体与景区，从而形成美美与共、交相辉映的新景观。坝陵河大桥被设计成世界上第一座山区峡谷千米级跨径桥梁。此桥全长2237米，桥面至水面370米，这个高度，当时全世界都无先例。

坝陵河大桥于2005年4月开工建设，2009年12月正式通车，中间历经多少艰辛困难，谁也无法尽数。但是，这座大桥以其设计独特和技术创新，拿下2016—2017年度中国建设工程鲁班奖，从而拉开贵州桥梁斩获国际国内各种大奖的序幕。

如果说，坝陵河大桥与黄果树景区，共同打造出人类与自然水乳交融、浑然一体的双重景观，那么，桥梁博物馆的设立、极限运动项目的开展，就让这座大桥别具一格，成了贵州"万绿丛中一点红"。

位于大桥东岸下方的坝陵河贵州桥梁科技馆（加授"贵州坝陵河桥梁博物馆"），是省内第一家以桥梁为主题的科技馆，也是一座以桥梁主体结构为建筑立面元素的建造物。科技馆面积达3千多平方米，集形象展示、学术交流和旅游观光为一体，通过图片、展板、模型、艺术造型、5D影院和多媒体声光电等多种展示方式，介绍坝陵河大桥、北盘江大桥及省内其他著名桥梁的建设、设计、施工、管理过程。该馆分为序厅、景观坡道、主展

镇胜高速公路坝陵河大桥　翟武／摄

厅、宣教展厅，景观坡道尤为奇特新颖。它借鉴大桥特点，既是通往二楼的通道，又能观赏大桥之下坝陵河峡谷风光，还可俯瞰整个博物馆。走进宣教展厅，游客可以通过红外捕捉技术，用手势动作在虚拟三维场景内搭建大桥，对大桥建设过程进行虚拟体验。登上馆顶观赏平台，通过望远镜，可以尽览大桥两岸风光。

博物馆陈列的多是当年施工建设的图片，大桥核心部件、吊索、加劲梁、中央索夹、气动翼板等实物，也是馆中重要展品，生动而具体诠释着什么是大国工匠精神。

该馆不仅仅只有展示内容，馆内还配有多功能研学教室、青年之家图书馆、桥梁文创站、桥梁主题咖啡馆、桥梁餐厅、峡谷研学宿舍等设施。

一馆竞风流，桥更不寻常。

坝陵河桥梁博物馆自建馆以来，已接待登桥观光游客5万多人，吸引省内外百余所学校近3万名师生参与研学旅行，先后被评定为"全国公路科普教育基地""贵州省爱国主义教育基地"和"贵州省科普教育基地"。

如果你在国内外少有的坝陵河桥内观光隧道内穿行，就已经走进了一个"世界之最"。俯瞰桥下蜿蜒如带的河流，远眺四周莽莽苍苍的矿山，对祖国山河壮美的赞叹会油然而生。再看一看大桥周边熙熙攘攘的人群，体味热爱极限运动的人们的新鲜感和激情冲动，你对生命和生活就会有一种新的解读，无限遐想都有可能产生。

坝陵河大桥，桥上桥下，美美与共，灿若彩虹。

第二节 "天空之桥"奇光异彩

贵州桥旅融合 2.0 版的桂冠,毫无争议地属于平罗高速公路上的平塘大桥。

2.0 版与 1.0 版的差异,最引人注目的是视野跨越桥体本身,给予游客多方位的感观体验。

天空之桥层林尽染　周家志/摄

平塘大桥桥体本身就美得不同凡响。中塔总高相当于110层的高楼，为世界同类桥塔高度之最。塔、梁、索相互结合后形成的桥梁整体造型极具动感。槽渡河蜿蜒穿越山川田野，沿河村寨星罗棋布。大桥穿云拨雾，被誉为"天空之桥"，与周边"天书""天眼""天坑"等景区珠联璧合，充满浪漫气息。

平塘大桥桥旅融合　唐承贵/摄

一千米开外的"天空之桥"服务区，以其独特性为大桥锦上添花，是大桥风景区的点睛之笔。

这是贵州第一个桥旅融合观光服务区。走进服务区里的桥梁科普馆、天文馆、山顶天文台、悬崖酒店，所见所闻动人心弦。再看到房车基地、驾驶员休息室、加油站、超市、母婴休息室，又让人感受到一阵充满人情味的温暖。

服务区综合楼一身纯白，整体造型契合设计理念。镂空处理产生想象空间，落地弧形玻璃让人眼前一亮，两侧由空中廊道相互连接，仿佛行走于云间。楼旁建有儿童乐园，以及可同时停十辆车的房车基地。

登上木质结构的第一观景台，就可以看到平塘大桥在云里雾里若隐若现。它有时离得很远，有时又好似触手可及。依山而建的嘉遇悬崖酒店，陶土肌理的外墙，与当地牙舟陶文化一脉相承。半山腰上是观景台，设置有天文望远镜，游人可以在此观星望月。

服务区里好戏连连。研学课程、主题线路、文创产品、休闲美食特色版块优化升级，与周边景区、农产品基地联动开发，中国天眼、天空之桥、牙舟陶艺、天坑景区、掌布景区、摩崖石刻等景点串联，着重打造"一环两横三纵"旅游精品线，让天眼文化、桥梁文化、非遗文化、地质文化、自然风光、红色精神齐放光彩。旅客体验感骤然猛增，一种新的旅游消费业也破壁而立。

越来越多的人，品味到平塘大桥与众不同的美丽。平塘大桥旅游景区被评为"全国文旅融合创新项目"，"天空之桥"服务区营业收入超过1000万元。

最高、最美的"天空之桥"成了新春旅游的网红打卡地。

每天一大早，"天空之桥"服务区就热闹起来，络绎不绝的人专程赶来看云雾缭绕中的世界奇观。

"雾里看高桥，新鲜。传说中的海市蜃楼是不是就是这样？"

"听说贵州山好水甜，不知道贵州桥也这么好。我要拍个照留念。"

2021年春节，是"天空之桥"服务区开业以来迎来的第一个长假。7天里累计24 000辆车入场，游客人数突破7万。2020年国庆长假期间，"天空之桥"服务区迅速火爆了朋友圈。电影《我和我的家乡》曾到服务区取景，随着影片的热播，慕名而来的游客更是络绎不绝。整个国庆长假期间，入场车辆21 000多辆，累计人流量超过10万。

事后人们总结发现，平塘大桥旅游上的"火爆"，是因为有"谋划"在先：贵州省公路开发集团有限公司接下建桥任务，就把景观设计融入桥塔当成项目的重点。三个主塔，外形设计都采取了"贵州小蛮腰+钻石形空间结构"的方案，宛若三颗钻石，闪烁在青山绿水间，而且因为其直冲云霄的"高"，让人感觉见所未见。

服务区设计也彰显贵州山区特点。特意建造了木质结构的观景台，服务区外立面采用了类似陶土肌理的装饰漆，散发着历史文化韵味；综合楼外立面则大量使用透明玻璃、采用大跨度钢结构，增加了建筑的通透感和神秘感，现代色彩浓郁。整个服务区以蓝、白色为主，与雾中长桥相对应，走进服务区，让人会有穿越时空、进入星月之间的遐想。

有了特别的服务区，要真正吸引人，还得看它的功能如何拓展。

服务区配备的近400个车位的停车场，加上驾驶员休息室、加油站、餐厅、大型超市，处处让人感觉方便。

按照旅游公厕、智能公厕标准，设有第三卫生间，还有母婴室、化妆间，尽显人文

关怀。

综合楼里可容纳两百人的会务中心,又拓展了一项服务内容。

天萃阁,是古色古香的牙舟陶艺展示中心。古朴庄重的土碗,可使茶更好保存的茶具,精雕细刻的工艺品,让人爱不释手。

服务区是个让孩子开心和家长放心的地方。UFO造型的滑梯、多彩的蹦床、跳动的喷泉、热闹的仿真沙滩,让孩子们流连忘返。

旁边还有50个车位的房车露营基地,想探险想体验的游客也找得到欢畅感。

超市里汇集了上百种特色扶贫农产品;特色餐饮区里,布依族传统美食"八大碗"、平塘特色剪粉、贵州牛肉粉,不用吆喝,就有旅客争先恐后地品尝。

服务区里见随处可见盛开的桃花、李花、梅花。综合休息服务平台、商场购物电子支付系统、Wi-Fi信号全覆盖,都让来这里的人找到回家的感觉。

桥+旅游,"美"在有形和无形中都增加了分量。思维带动创新,创新就有财富。按照"多彩贵州·最美高速公路"的要求,平塘大桥创造者贵州省公路开发有限公司,旗下已有15对这样的高速公路桥服务区,因为有效地把桥梁、道路同旅游紧紧捆绑在一起,发展成新的旅游"热点""亮点"。"天空之桥"服务区先后获得"全国百佳示范服务区""全国交通运输行业文明示范窗口""全国优秀服务区"和贵州省"首批AAA级旅游厕所"的荣誉称号。

第三节 让人惊叹的"空中漫步"

2024年"五一"假日前夕，龙里河大桥建成通车，顿时成为一个旅游网红打卡点。

据新华社记者报道，"五一"假日期间，不少游客慕名前来龙里河大桥。"既能开车从桥上过，也能走上大桥，在玻璃步道上观光游览，体验很不一样。"游客说，在大桥上边走边看，能从不同角度欣赏壮美的峡谷风光。

龙里河大桥全长1260米，桥面距离峡谷底部高达280米，是一座高山峡谷景观斜拉桥。在规划建造之初就确定将旅游观光与大桥通行融为一体。

同样是桥旅融合发展，坝陵河大桥在丰富研学旅游的同时，可进入桥体内部观光，并开发了高空蹦极、秋千、急速滑降、空中漫步、低空跳伞等项目；鸭池河大桥积极推进"海陆空"立体项目，呈现观光、游乐、挑战等多业态体验；花江峡谷大桥也正在设计打造蹦极、攀岩等多个项目，与龙里河大桥的"空中漫步"有所区别，各有特色。

龙里河大桥主跨两侧各设置了528米长的玻璃步道，共由254块玻璃构成。从空中俯瞰，玻璃步道宛如透明的丝带，与车行道共同构成了这座世界级景观桥的独特景观。

在大桥上，游客不仅能在与车行道平行的玻璃步道上体验"空中漫步"，还能乘坐依托桥体修建的观光电梯，欣赏朵花大峡谷的雄伟壮丽。

建设单位负责人告诉新华社记者，修建这座大桥时，既要确保大桥基本的交通功能，又要满足发展旅游的需要，团队遇到了不少技术性难题，但最终都一一攻克了。

在施工期间，建设团队主要进行了人致振动舒适性科学技术研究、玻璃步道可靠性科学技术研究以及景观电梯安装和设计关键技术研究，取得了一系列科研成果，包括1项国家发明专利、11项国家实用新型专利。

龙里河大桥建成后，贵阳至龙里大草原的行车时间从原来的1.5小时缩短为0.5小时左右，将逐步形成一条将草原、大桥、峡谷、田园融为一体的旅游线路。

贵州省交通运输厅有关负责人表示，贵州正进一步推进交通与旅游深度融合发展，相继重点打造坝陵河大桥、平塘大桥、鸭池河大桥、花江峡谷大桥等一批"明星桥"，正在

多·彩·贵·州·桥

加快编制交旅融合发展规划和交通服务支持荔波、黄果树、赤水打造世界级旅游景区规划,依托"高速公路平原",打造世界级旅游目的地。

龙里河大桥　赖青/摄

第四节 "另一半"里海阔天宽

在贵州有一个说法：如果一座桥，仅仅只是为大山深处和大山外面的人带来了交通的便捷，那它的存在价值充其量只实现了一半。

而另一半，就是要看用什么办法，把山水风光、人文历史同大桥高桥组合成一幅完美的画卷，吸引外部世界好奇和向往的目光，让人从四面八方汇聚到曾经偏远的深山，使得寂静的群山成为别具一格的新景区。这样，桥的价值体现才算完整，方称得上圆满。

六安高速公路花江峡谷大桥效果图　贵州省交通运输厅/供图

计划于 2025 年建成的六安高速公路花江峡谷大桥，就一直吸引着人们关注桥"另一半"价值的目光。

论桥梁本身，这是贵州自己超越自己的又一件震撼之作。

花江峡谷大桥被誉为"横竖都是世界第一",尚未竣工就已经把两个"世界第一"牢牢抓在手上:主桥跨径1420米,山区桥梁跨径世界第一;桥面至水面625米,桥高世界第一。

第五章　美美与共新风景

这是一座贵州自己投资、自己设计、自己施工并且使用本土建材的大桥。

这座新的世界级大桥的诞生，一举把"贵州桥"的高度，从565米拉升到625米，又一次成功地突显了贵州完全能够自己超越自己。

花江峡谷大桥（在建）　贵州交通建设集团有限公司 / 供图

大桥建成之日,"天堑变通途"的壮歌,注定将再次萦绕在人们耳旁。因为,大桥穿越险峻的花江大峡谷,汽车行程将由1.5小时缩短到2分钟,由不得你不热血澎湃,歌之赞之。

资料显示,建成后的花江峡谷大桥,雄奇壮观的程度,将直追声名久远的美国科罗拉多大桥。

这桥的"另一半"价值,更会让人惊羡不已。

大桥跨越的花江峡谷,曾经是亿万年前的海底,地理、地质条件都十分特殊。大约2.5亿到2亿年前,地球经历了一个叫作"三叠纪"的时期,而贵州被世界公认是保留三叠纪历史最为完整的区域之一,同以瑞士、意大利为主的古地中海西岸,以美国、加拿大为主的太平洋东岸,共同构成了世界三叠纪地质学旅游板块。

贵州的三叠纪地层遗迹、海百合等古生物化石,拥有六项世界之最。曾经长期在贵州工作和生活的中科院院士欧阳自远断言:"世界上没有任何一个地方,能将地球海洋三叠纪这段历史讲清楚,只有贵州。"而要讲贵州"三叠纪"的故事,最吸引人的莫过于花江峡谷地带。这里,成了全球古生物学家三叠纪研究的胜地。

穿峡而过的世界级桥梁,本就是贵州不可替代、独一无二的旅游资源。会因其拥有此前从未出现过的力学美、工程美、造型美和神秘感,让观者心灵震撼。

如果美丽的大桥,同峡谷内外的其他旅游资源融合,美美与共,新生成的魅力,将无法用语言尽述,只能浓缩成一句话:绝无仅有的天下奇观!

峡谷两岸峰峦叠翠。

谷底江水一碧如蓝。

民风民俗古朴多情,远村近寨篝火炊烟。

更有摩崖石刻与茶马古道相伴,历史文化源远流长⋯⋯

除了极为难得的世界级桥梁,独特的海洋古生物化石资源,花江峡谷周边的山水风光、民俗民风、历史文化资源同样独一无二。依托这些独有资源,围绕世界级工程,创造一个个性化、神秘感、浪漫感兼具,独一无二的世界级桥旅融合景区,贵州既有胆量,也有本钱,完全可以说是底气满满、信心满满。

花江峡谷大桥被列入"十四五"时期贵州桥旅融合重点项目,过程毫无悬念。工程设计的同时,依托桥梁自身的资源与桥旅项目同步谋划,地域文化、古寨文化、民俗风情等元素,也一起进入建设者视野。

用建设者的话讲,花江峡谷大桥桥旅融合,路径就是以三叠纪古海洋遗迹为"爆点",以峡谷资源为"基底",以桥梁文化为"纽带",开启奇观、奇景、奇幻、奇趣的神秘之旅。通过这座桥,把贵州打造成"中国西南地区第一旅游门户"、全国桥旅融合新典范、世界峡谷极限运动胜地。

这些方案和目标,被称为贵州桥旅融合的3.0版。

蓝图变成现实,步步都离不开实干。大桥建设保质保量按时推进,桥旅融合的内容也逐项跟上。

——将花江峡谷"山峰层叠"的自然元素融入索塔造型,好似山门对开守望;"山分五色""天有三蓝"的自然理趣,也影响着桥梁的配色方案,桥景融合浑然天成,桥与山水相映成趣。

——走好桥梁与旅游、体育融合的道路,充分利用结构空间,规划出景观文化长廊、塔顶观星水吧和高空竞速、空中漫步、极限秋千、锚碇攀岩等运动项目场地,为将来的"世界峡谷极限运动胜地",奠定坚实基础。

——与地方政府共同谋划,以花江峡谷大桥以及服务区为依托,做好详细规划,优化方案设计,在桥边五平方千米的区域里,形成云渡服务区、桥旅体验区、山地运动区、极限体育营地、花江村寨、悬崖酒店和峡谷旅游区等六个不同主题的特色组团。

贵州桥旅融合,将在花江峡谷大桥迈出史无前例的一大步。新的风景区,与黄果树、龙宫、双乳峰和三岔河景区形成一小时旅游圈,并且辐射到兴义万峰林、马岭河峡谷风景区,与它们联动发展。

突破尚不仅止于此。花江峡谷大桥与坝陵河大桥、平塘大桥的探索实践,将如"星星之火",点燃遍及全省的桥旅融合热情。江习古高速公路赤水河红军大桥、贵遵扩容工程楠木渡乌江大桥、贵黔高速公路鸭池河大桥,一批具备条件的桥梁,桥旅融合正有序有效推进。

贵州在实现高质量的桥旅融合方面,既有广泛民意热情支持,也有顶层设计有力支撑。

贵州省委主要负责同志在调研桥旅融合情况时强调:"贵州桥梁建设彰显了中国风范,体现了贵州特色,是浓缩了工匠精神的高科技成就,要继续讲好贵州'桥'故事,擦亮'桥'名片,努力在'桥旅融合'上实现新突破。"

桥旅融合不需要高喊口号,而需要精准定位。且看贵州将"位"定在哪里?

——深入挖掘"桥"在全省旅游产业化中的特殊功能定位,用好世界级资源,对标世界标准,努力把"桥"打造成贵州世界级旅游标识。

——围绕资源、客源、服务三大要素精准发力,创意规划桥旅融合项目,丰富拓展旅游业态,线上线下、境内境外共同发力,做好宣传推广,全力打造世界级桥旅融合示范

项目。

——凝聚推进桥旅融合的强大活力，在理念上同步、行政上统筹、运作模式上创新，积极引进旅游行业优强市场主体，共同做好桥旅融合大文章。

仅有愿望还不够。科学总结、科学分析、科学给力，事情才能干得更漂亮。

贵州交通战线建设者们"跳"出桥梁看桥梁，贵州各行各业干部群众"身"入桥梁话桥梁，一步步总结出"把桥打造成世界级旅游标识"最为重要的几个着力点：

依托桥梁本身景观价值做足文章。展现世界级大桥结构壮观、充满力学之美；色彩与周边环境和谐共生的色彩之美，桥与自然环境各美其美的和谐之美，美美与共、美上加美。尤其要突出它们既是一道美丽风景线，也是中国基建和大国工匠魅力的生动体现。

利用桥梁构筑物特殊旅游体验价值，拓展桥梁功能。既可塔上观星、桥上观景，也可高空竞速、低空跳伞，满足多层次、多元化旅游需求。

围绕桥梁建设服务区，开发综合旅游价值。打造集住宿、餐饮、科普、研学、度假、露营等于一体的融合业态，让旅客既能观光休闲，又能开展科普体验。

要让桥旅融合带动地方旅游景区、特色产业开发。桥旅融合项目带来的震撼力和独特性、浪漫性、挑战性等特质，无疑是地方精品旅游线路的一个"加分项"。用好了，就能带来极大的人气，对周边景区开发、产业发展，无疑是一个巨大推动力。

贵州桥旅融合，先河已经开启；未来，值得憧憬，值得盼望，值得预期。

但还要方方面面同心协力，才能让一个个世界级旅游景区，成为人们趋之若鹜的旅游目的地，释放对经济社会发展的推动力。

第五节 两座"桥"引发遐想

余庆多水。水多,自然桥多。

2020年9月底,离国庆、中秋"双节"还差几天,一批一批的余庆人争先恐后要去看一座"桥"。

要看的"桥",在距县城还有一段路程的构皮滩水电站。有人说,要去看的算不上一座桥;也有人说,从广义讲,它就是一座桥,而且是一座了不起的桥。

乌江构皮滩水电站通航工程三级船闸全面通航　贵州省交通运输厅/供图

说的就是乌江构皮滩水电站通航工程。这又是贵州境内一项世界级工程。

工程线路全长2306米,由上下游引航道、三级垂直升船机和两级中间渠道组成。有当今世界最大的下水式升船机,提升高度达到127米,与国际上同类工程相比,可称为

"顶级"。

作为世界上首座位于高山峡谷河段200米级高拱坝枢纽上的大型过坝通航建筑物,乌江构皮滩水电站通航工程实现了六个世界第一和一个国内首创:

首座采用三级升船机的通航建筑物;

通航水头最高的通航建筑物——最大通航水头199米;

水位变幅最大的通航建筑物——上游水位变幅40米;

提升高度最大的垂直升船机——第二级提升高度127米;

规模最大、提升力最大的下水式升船机——第一、三级500吨下水式升船机,最大提升力世界第一;

规模最大的通航渡槽——通航渡槽水深3米,最大墩高超过100米。

采用通航隧洞穿越山体方案,属于国内首创。

世界级工程与贵州省最大的水电厂——构皮滩水电站携手,山里面就多了一个不能不看的新风景。

开发构皮滩,是一个做了几十年、跨越世纪的梦。至今,进山的崖壁上,还能看到20世纪不同年代留下的地勘洞;曾经的施工便道,也与更早的地勘公路擦肩而过。

乌江构皮滩三级通航设施　贵州省交通运输厅/供图

第五章　美美与共新风景

绵延几十年的构皮滩开发之梦，在实施"西电东送"中找到了"圆梦"的历史性机遇。建成后装机容量达到300万千瓦。

构皮滩水电站通航工程，免费向来往于乌江的货船开放。500吨级驳船在这里进入或者驶离库区，高空中的渡槽，把山里面的贵州同滚滚长江联为一体。

在这里，创造了"桥从天上来"的人间奇迹。船是顺着100米高的渡槽"上天"的，人们理所当然把它当成一座特殊的"桥"。

世界第一的"桥"同亚洲第一的双曲拱坝合为一体，人们开始发现其中的文化含义。

红军强渡乌江的第一渡口回龙渡，就在水电站坝址下游不足5千米的地方。而当时强渡的另外两个渡口（江界河、茶山关战斗遗迹），因为建设水电站被淹没了。

红色文化广场，左有红军强渡乌江群雕，右有建设者"突破"乌江的群雕。两组群雕，组成一艘乘风破浪的航船。

车行20多分钟，便到余庆久负盛名的另一座桥所在地——大乌江镇红渡村。

88年前，这里有过一场载入史册的壮举，以竹筏架起一座通江桥，让红军顺利渡过乌江。

虽然这座竹筏桥的实体今已不存，但它与相距不远的构皮滩水电站通航工程，都是余庆的标志性景点。

一座奇特的"桥"——构皮滩水电站通航工程，与大坝、水电站共水天一色，闪射着高起点、高质量、高标准的现代特色。

一座早已无形的桥——红渡村红军竹筏桥，昭示着血泪行程中发现的真理：党的根基在人民，血脉在人民，力量在人民。形势越是复杂严峻，越要依靠人民，越要加强与人民群众的血肉联系。

两座看似截然不同的"桥"，却给余庆出了一道共同的题：它们在"大旅游"的棋盘中应该怎样定位？能不能通过两座"桥"，把星罗棋布、分散存在的余庆风景连成一体，创造出一个桥旅融合的地方版本？

余庆有一些景点，别处难比。

松烟，余庆与湄潭、凤冈交界处的小镇。农舍、炊烟、村道、茶林、菜畦，都散落在山的折皱里、树荫下以及别的幽深处。满山都是绿意葱茏的林子，云里雾里若隐若现的山村。而更加美丽的物事，同消失在360多年前的南明小朝廷有关。

明朝末年狼烟四起，北地尽失之后，南明永历政权偏居中国西南一隅。江南人士钱邦芑，曾被小朝廷命为监察御史，巡按四川。为避孙可望内讧之祸，他十三年间"五进五出"松烟蒲村，隐居避世。一个江南才子，乍见余庆这般山水，样样都觉新奇，也自然而

153

然忆起家乡种种风光。见那村边小山兀然矗立,一丛丛树和藤之间,掩着一堵堵天生地造的石壁,别有一番意趣,他便把这山命为"他山"。所谓"他山",无非两重含义,一曰他山之石,可以攻玉;二凭他山之石,聊寄乡愁。乡愁且不说了,第一个意思里,分明活生生闪现一个字——"比"。

"比"文化在余庆县很接地气,钱邦芑又为它推波助力。

多年隐居,钱邦芑流连"他山"之下,光摩崖石刻便留下21处。一手创建"柳湖书院",写成《他山诗钞》28卷。他让巴蜀文化、江南文化的风徐徐吹进黔北,为父老乡亲竖起一个"跟谁比,比什么"的标杆,使他们知道山外有山,比着巴蜀、江南的样子改造自己的日子,慢慢地,"他山"就成了钱邦芑的"家山"。

离蒲村不远,有个"博士寨",更叫人啧啧称奇。

"博士寨",其实是松烟镇觉邻村叫作穴塘坎和龙坪的两个村民组。两个组加在一起,只有83户300余人。寨子周围是不足200米高的小山,小山夹着坝子,一条小河缓缓而流,80多座房屋都避开坝子绕着山。村民中七八成的人姓马,所以民间直称"马家寨"。

2000年的时候,马家寨村民编了一本27万字的《马氏族谱》。族谱记载,仅仅马家寨老屋基所在的穴塘坝,马姓人考上大学的就有108人,更有博士6人、硕士7人。如果加上龙坪,有10个博士,200余个大学本科生。

小山村变成"博士寨",关键推手还是"比"。

比什么?不比豪华住宅,不比高档家用电器,先比谁为国家也为自家培养出多少高级人才。说白了,比的就是你家出了几个大学生?几个研究生?你家孩子读了有名的学校,我家娃娃上的学校就要更有名。

如果说"他山"和"博士寨"都是比较单一的人文景观。那么,曾经闻名全国的"四在农家"发源地罗家坡,其所代表的一批景点、景区,又分别展示出余庆"积善文化"的丰厚沉积。

自唐代起,便在今敖溪先后设立过余庆长官司、余庆土知州,直至明朝改土归流,位于乌江两岸的余庆、白泥两土司之地,被合建成余庆县。为什么起这个名字,因为《周易·坤卦》中就有"积善之家,必有余庆"的句子,"积善",是余庆不变的精神。余庆把产业做大做强,促乡村的美丽升级,让农民都生活在富裕、生态、文明、和谐的环境里。

罗家坡凡是有墙的地方,差不多都刷着"富、学、乐、美,四在农家"的标语。

发展产业,人富了;提倡"学",这是人生智慧。人富了,生活好了,"乐"啊,"美"啊,不用你找它,它都会来找你。这不就是最大的善事?

第五章 美美与共新风景

"余庆坊·河滨"景区的新民宿,前身便是村民"留之暂时无用,丢了又觉可惜"的老宅子。

外表是不变的黔北风格,内中却别有天地。推开雕花门,里面的地板、墙壁、家具都同外面的木板墙、白粉壁形成反差。顺着走起来有点响声的木梯上楼,干净的客房里有城里旅店客房应有的硬件,不同的是城里所没有的窗外风景,以及风景中的人。

能与"积善文化"比肩的,在余庆还有贯穿着"茶文化""土司文化"精髓的风景区。

贵州余庆经济开发区建起了"中国余庆小叶苦丁茶现代产业园"。园中也有"积善文化"展示厅,"居善地,心善渊,与善仁,言善信,正善治,事善能,动善时","积善文化"渗透进"苦丁茶文化"之中,一打开余庆茶,就能感受到被"善"浸润着的良苦用心。

在敖溪镇上,很多干部、教师退休多年,却一直不肯闲着,专门研究和宣传镇史。

敖溪镇史的核心内容就是土司文化。它们是唐朝咸通年间,从外地进入余庆就任土知州的毛巴,把带来的外邦文化与本地民族民间文化两相结合,形成的一种独特的新文化状态。

走到龙溪镇,那里的"土司文化"同样让人称奇。不过,当地人展示给游客的,不仅仅是历史的斑驳旧痕,更多的是历史财富在新时代的转型。

余庆有多到双手握不住的资源,关键是怎样把资源变成财富。

余庆人首先想到了交通。

在余庆,人们这样描绘新时代新征程的交通发展蓝图:东出湖南,南下两广,西连贵阳,北上重庆。乌江一条黄金水道通江达海,开州—凭祥、南昌—兴义两条国道贯穿县城全境,沪昆、贵广、渝黔三条高速铁路通过余庆,黔东南州黄平、贵阳龙洞堡、遵义新舟三个航空机场就在身边,余庆要借此构建"水陆空"立体交通网,率先成为中国西部乡乡镇镇通高速公路的县份。

乡乡镇镇通高速公路,已经梦想成真。其他目标也在一一落实中。路通了,交通条件从根本上改善了,怎样把零散景点像散落的珍珠一样,一线牵联,形成联动效应,成了人们认真考虑的大事。

"两座桥",会不会是找到这根"线"的选择方案之一?人们在思考、在判断、在行动。

这种选择,实际对贵州省内许多地方都有重要的实际意义。规模小于坝陵河大桥、平塘大桥、花江峡谷大桥的桥梁,几乎各县都有,要进入国家级、省级桥旅融合项目,恐怕尚有难度。不过,一旦用"桥旅融合"的思维整合资源,可能会收获出人意料的惊喜。

155

第六章

穿山越壑
造桥人

第一节　精工细作创造山水间的人类奇迹

有这样一群人，迎难而上、跨越天堑，在悬崖绝壁处大显身手，把论文写在大地上、把作品建在山水间，攻克了山区峡谷桥梁建造环境复杂多变、一般施工工艺无法施展、生态环境脆弱的世界性难题，首创了7项国际领先技术，建造了12座"世界第一"的桥梁，引领了世界山区峡谷桥梁建造技术发展。他们就是贵州交通山区峡谷桥梁建造技术团队。

团队由贵州交通建设集团有限公司总工程师韩洪举领衔，全国人大代表、全国"十大桥梁人物"张胜林等10多名桥梁专家组成。他们或擅长结构设计，或精于建造工艺，或主攻材料创新，在贵州高原的奇峰险谷之中，创造了山水间的人类奇迹。

设计创新建造世界级桥梁

贵州沟壑纵横的峡谷地貌，必然使高等级公路建设需要高墩大跨桥梁。团队坚持自力更生，艰苦奋斗，他们用双脚丈量每一座桥梁、踏勘每一个桥位，以"人—桥—环境"协调统一为目标，结构与工艺高度融合，从而创新性地设计出了多种安全、经济、适用、美观的新桥型。

平罗高速公路平塘大桥设计效果图　贵州省交通运输厅／供图

为跨越槽渡河峡谷，平塘大桥采用了最为经济的三塔斜拉桥设计，它的中塔便成了"世界第一混凝土高塔"。为解决中塔受力与变形协调的问题，团队成员杨健创新性地提出"中塔塔梁铰接、边塔竖向支撑"的多塔高墩大跨度斜拉桥结构体系，332 米钻石高塔设计汲取了苗族裙摆元素，充分体现了力与美的结合。

花江峡谷大桥效果图　贵州省交通运输厅 / 供图

山区峡谷桥梁风环境复杂，每一座大跨度高桥都要面临相应的技术难题。刘建军、杨鸿波等团队成员长期致力于峡谷桥梁复杂风环境研究，为峡谷桥梁风荷载计算模型的建立提供了重要支撑。跨越"地球大裂缝"的在建项目花江峡谷大桥，桥高 625 米、跨径 1420 米，创造了山区桥梁新的"世界第一"，同时也是该桥以"国之重器 + 三叠纪古海洋遗址"打造的桥旅融合项目，为解决复杂风环境下的结构安全及桥上高空旅游的安全性与舒适性问题，进一步开展了风环境精细化研究，提出新的评价标准用于桥梁设计及运营管理，为贵州利用世界级桥梁打造世界级桥旅目的地创造了条件。

第六章 穿山越壑造桥人

工艺工法铸就世界级品质

山区峡谷的地形特征，使得桥梁建造面临运输困难、场地狭窄、气候多变、大型设备无法施展等难题。

在韩洪举的带领下，技术团队不断进行方案比选、技术论证、实验对比，坚持从实际出发，以推动行业的进步，打造卓越的品质为出发点，在实践中探索，在探索中前进，开创了上百项具有国内、国际领先水平的山区峡谷桥梁建造技术。

在世界第一高桥毕都高速公路北盘江大桥上，首创"主梁纵移悬拼工艺"，实现狭窄地形条件下大跨径斜拉桥钢结构大节段吊装和高精度拼装，在565米的高空实现误差不超过1.5毫米（相当于一个硬币的厚度）的精准合龙。

毕都高速公路北盘江大桥 肖本祥／摄

在磅礴的乌蒙山区中,独特的地形造就了墩高196米、单跨跨径320米的预应力混凝土空腹式连续刚构桥——六枝大桥。极大跨径超高墩桥梁,建造难度极大,韩洪举牵头提出"一桥三工艺",创新组合了拱桥、斜拉桥和连续刚构桥三种桥型施工工艺,破解了建设中的种种难题。

从万桥飞架看中国奋斗,不难发现,贵州交通山区峡谷桥梁建造技术团队用心血浇筑而成的桥梁,每一个细节都是一首极致唯美的诗篇。每一次工艺创新,实际上都是在反反复复的数据计算中选出最优的施工方案。一个个工艺工法的创新与实践,打造了一座座巍然屹立于贵州高原的品质"坐标",奠定了贵州在世界峡谷桥梁建造领域的领先地位。

绿色建造引领高质量发展

贵州典型的喀斯特地貌容易发生石漠化,生态脆弱。团队始终践行"绿水青山就是金山银山"的绿色发展理念,将"绿色建造"贯穿于桥梁建设全过程。

花鱼洞大桥处于红枫湖国家级景区和贵阳市水源保护地,在拆除重建过程中,张胜林等团队成员为了将对环境和水源的影响降到最小,创造性提出了"旧桥建新拱,新拱拆旧桥"建设方案,从材料、工艺、设备三方面着手,研发一系列"拆、建一体化"施工技术,实现了旧桥混凝土100%循环利用、钢材100%回收,真正实现"水源零污染、景区零干扰、废料再利用"等目标,为环境要求苛刻的桥梁建造提供了全新的解决方案。

改造前的花鱼洞大桥　贵州省交通运输厅/供图

改造后的花鱼洞大桥　贵州省交通运输厅／供图

河砂是传统工法制作混凝土的必备材料,但贵州缺乏河砂资源,运输成本高,且河砂开采对环境影响大。为破解这个难题,吴大鸿、母进伟等团队成员结合贵州石料丰富的优势,因地制宜,就地取材,经过多年探索和实践,使机制砂混凝土在贵州得以广泛应用,并解决了机制砂高性能混凝土320米超高墩单级垂直泵送等难题。机制砂混凝土在贵州桥梁建设中使用超过1.1亿立方米,节约建设资金至少230亿元,碳排放减少330万吨以上。

工匠精神彰显时代风采

贵州交通山区峡谷桥梁建造技术团队肩扛时代责任,夙兴夜寐,千方百计破解难题。从适应峡谷自然环境到一颗螺丝钉材质、型号的选择,他们致力于推动山区工业化建造、精细化施工,每一个细节他们都精益求精。

他们初心如磐。团队成员母进伟,儿时家乡的河道涨水,眼睁睁看着乡亲们被洪水冲走,幼小的心灵呼唤他"长大了就要修桥,让乡亲们能够平安渡河"!他用30多年的年华兑现了诺言。

他们追求卓越，他们勇于挑战，他们敢于超越。

世界高桥前100名中，团队参与建造34座。设计恰到好处，桥与自然完美融合，以及特殊的工艺创新，使平塘大桥包揽了久负盛名的国际桥梁大会（IBC）古斯塔夫·林德撒尔奖、国际咨询工程师联合会（FIDIC）全球工程项目杰出奖、国际桥梁结构工程协会（IABSE）杰出基础设施奖等国际工程界三大奖项；花鱼洞大桥因工艺创新及环境保护性强而荣获国际桥梁大会（IBC）古斯塔夫·林德撒尔奖，成为"小桥获大奖"的典范；水盘高速公路北盘江大桥因创新空腹式连续刚构桥型及施工工艺而荣获中国土木工程詹天佑奖及中国建设工程鲁班奖。团队获国际大奖6项，获国家科技进步奖2项、发明专利56项，获中国土木工程詹天佑奖、中国建设工程鲁班奖等国家工程奖20项，获第五、第六届"全国专业技术人才先进集体"。这些奖项表明，贵州山区峡谷桥梁建造得到了国际认可。

第二节　铸就卓越的"大国工匠"

"国家卓越工程师团队"证书　贵州省交通运输厅 / 供图

韩洪举（贵州交建集团党委委员、总工程师）：16个人的身后是成千上万贵州交通人，时代使命，建者格局——

　　我很幸运，有幸见证了贵州从交通基建设施落后的大山沟壑发展到万桥飞架的"高速公路平原"，每一步，都来之不易。

　　贵州的地形地质比较特殊，造成我们在桥梁选址、设备运输和施工技术上极大的困难，但正是因为这些困难，让我们能一直恪守初心，不畏挑战。

　　贵州山区峡谷上将近三万座桥梁，是成千上万个贵州交通人数十年如一日的汗水和心

血。是他们的坚守、努力、超越，才成就了这些卓越的工程。

我很荣幸，参与这个时代，一步步见证了贵州交通跨越式发展的黄金十年。

我也感激脚下的这片土地，是黔山秀水，造就了贵州交通人的梦。

韩洪举，国内知名的桥梁专家，国务院政府特殊津贴获得者，贵州省省管专家，贵州公路学会首席专家，1994年毕业于重庆交通大学，现任贵州交通建设集团有限公司副总经理兼总工程师。主持修建了崇遵高速公路鞍山大桥（现娄山关特大桥），建成时为贵州最大的公路转体桥（转体重量8498吨）；镇胜高速公路北盘江大桥（主跨跨度636米），建成时为国内最大的钢桁加劲梁悬索桥；通达大桥（主跨跨度120米），用贝雷梁作为拱架修建了贵州第一座跨径超百米的钢筋混凝土拱桥；夜郎湖大桥（主跨跨度125米），贵州第一座钢筋混凝土薄壁开口箱转体桥；木蓬特大桥（主跨跨度165米），贵州第一座悬臂浇筑钢筋混凝土拱桥；水盘高速公路北盘江大桥（主跨跨度290米），世界上最大的空腹式刚构桥；六广河大桥（主跨跨度580米），贵州最大的钢混叠合梁斜拉桥；沙沱大桥（主跨跨度240米），国内最大的悬臂浇筑拱桥，等等。获得了"贵州省劳动模范"、贵州省首届"创新争先·科技榜样"、中国公路学会"第三届全国公路优秀科技工作者"、"第八届贵州省优秀科技工作者"等称号。

2008年，韩洪举主持修建水盘高速公路北盘江大桥，首次形成了一整套"空腹式"钢筋混凝土梁式桥建造方法，成功将钢筋混凝土梁式桥最大跨径提高到290米。此桥成为钢筋混凝土梁式桥的"世界第一"。作为完全具有自主知识产权的大桥，水盘高速公路北盘江大桥填补了多项技术空白，刷新了多项世界纪录。

张胜林（贵州公路集团总工程师、全国人大代表、全国劳动模范、全国十大桥梁人物）：青春芳华，镌刻在群山峻岭中——

生在贵州长在贵州，我所有的记忆几乎都与山有关。看不到尽头的山路，我知道，从这里走出去有多么不容易。

1993年，第一次去桥梁修建现场，我爬上高梯安装设备，下来后腿还在抖。我不知道自己当时哪里来的勇气，我只知道，我们绝不能失败。通桥那天，村民们挑着瓜果，有说有笑地走在桥上，汽车一辆接一辆驶过，那种幸福和满足我到现在都还记得。

与桥相伴30年，每座桥梁的建设都融入了我的思想，每件作品的交付都记录了我的青春。我想做的，只是让"走出去"变得更容易，让"回来"变得更简单，让留在山区峡谷的芳华岁月，成为我一生中最珍贵的印迹。

张胜林，毕业于北京工业大学交通工程专业，全国劳动模范、全国三八红旗手和"十大桥梁人物"，工程技术应用研究员，中国建筑业协会工程建设质量管理分会质量管理专家委员会委员，中国施工企业管理协会科技专家，中国公路建设行业协会专家委员会专家，贵州省公路学会资深专家，现任贵州省公路工程集团有限公司董事、副总经理、总工程师。在30年峥嵘岁月里，她坚守铺路架桥初心，勇担科技创新使命，先后荣获中国土木工程詹天佑奖、中国建设工程鲁班奖、国际桥梁大会（IBC）古斯塔夫·林德撒尔奖等行业大奖，获得2项国家级工法、5项发明专利。

张胜林先后参与了贵州江界河大桥、广州新光大桥、重庆江津观音岩长江大桥、大小井特大桥、平塘大桥、乌蒙山大桥、牂牁江大桥、花江峡谷大桥等代表性工程建设，每一个项目背后都有她洒下的辛勤汗水、留下的坚实步伐、彰显的使命担当。

正在建设中的纳晴高速公路乌蒙山特大桥位于"V"形峡谷地带，两岸绝壁陡峭，大桥建设极其困难，张胜林提出了全新的桥梁结构形式——"钢桁-混凝土组合拱桥"。该桥结构轻、稳定性高、耐久性好，非常利于施工建设。大桥建成后将载入世界桥梁史册，为桥梁建设提供新的"教科书"。张胜林还结合科研成果和工作经验，编著了《钢筋混凝土箱型拱桥补充预算定额》《贵州省瓦斯隧道预算定额》等多个标准，主持编制和完善了《专项施工方案管理办法》《施工组织设计管理办法》《科技创新管理办法》《公路工程施工工艺标准图》，为我省推进交通强国建设实施、解决我省交通发展瓶颈制约作出重要贡献。

母进伟（贵州桥梁集团副总经理、总工程师）：创新实践代代相传，才能成就卓越——

桥，可以让人类与自然和谐共生，让人与人之间的距离也更近，但创造从来不是一件容易的事，它需要有底气和勇气，需要用事实说话。

我们征服了高山峡谷，克服了场地困难，还需要在建设过程中不断去挑战一个又一个的拦路虎，从一方混凝土，到一颗螺丝钉，材料、工艺、装备、再到设计，一座桥的创造，需要许多人为之付出心血；贵州的桥之所以能够闻名于世界，就是一代代贵州交通人创新实践的结果。水从桥下过，人在桥上走，三十几年的时间，造桥修路，我们积累了很多宝贵的经验，掌握了许多在山区峡谷建桥的关键技术，创新成效硕果累累。

成就卓越，但我们绝不止步于卓越，我希望创新精神薪火相传，代代贵州交通人继续发力，在这条路上一直走下去。

30多年来，母进伟从一名普通的施工技术员成长为公司的技术带头人和学术带头人。长期致力于解决工程建设中的重难点技术问题，聚焦打造"绿色公路"，带领团队在"四新"技术方面进行研究开发和应用，为贵州瓦斯隧道施工提供了方案，构建交通行业施工技术新规范。先后荣获贵州省科技进步奖5项、中国公路学会科技奖3项、发明专利5项，出版专著一部，多个科研成果被写入规范、纳入指南，2016年荣获"贵州省政府特殊津贴"。

由母进伟主持建设的、被誉为"世界第一高桥"的毕都高速公路北盘江大桥是主跨跨度为720米的钢桁梁斜拉桥，在该桥的建设中，他首次提出了主梁拼装"整节段梁底纵移悬拼施工工艺"的技术研究，该项成果被评价为国际领先水平。该桥先后荣获中国公路学会科技奖特等奖、李春奖以及国际桥梁大会（IBC）古斯塔夫·林德撒尔奖。母进伟主持的贵州毕威高速公路赫章大桥施工技术研究，获得贵州省科技进步奖一等奖。

花鱼洞大桥跨越AAAAA级景区红枫湖景区及饮用水源保护区，需进行拆除重建。母进伟作为该项目的总技术负责人，带领团队创造性地提出"旧桥建新拱，新拱拆旧桥"的建设思路，形成了"新拱拆旧桥成套施工技术"，实现了"水源零污染、景区零干扰、废料再利用"的建设目标，在零排放和低碳绿色建造方面作出了突出成就。项目建成后生态、景观等社会效益显著，已成为云贵高原景观新地标。该桥也在2023年4月荣获了第39届国际桥梁大会（IBC）古斯塔夫·林德撒尔奖。

杨健（贵州交勘院总工程师）：桥是人与自然之间的连接——

崇山峻岭间，一座座大桥飞架，让天堑变成通途，也让世界看见了贵州。与青山绿水相伴，与蓝天白云相连，桥是人类与自然之间最好的连接。

贵州的桥梁在设计上不仅满足交通功能需求，还追求与自然环境融为一体，近距离感受大自然的壮丽和神秘。我们的目标并不是桥梁的最高、最大、最宽、最长，而是更绿色环保，让力和美完美融合。对于山区峡谷的桥梁工程师来说，我更希望把结构的功能和美学有机地整合在一起，向世界展示生态建桥的可能。桥的存在，也让我们更加相信人与自然和谐共生。

贵州的桥，有着源于自然的灵感，也有着自然赋予的美丽。我所追求的，是桥梁的自然和灵动，是让每一座桥，都成为山河之间的艺术品。

2022年11月17日，国际桥梁与结构工程协会（IABSE）在瑞士苏黎世举行年度杰出结构奖颁奖典礼。当主持人宣布平塘大桥荣获国际桥梁与结构工程协会（IABSE）最佳基础设施奖的时刻，一位黑头发黄皮肤黑眼睛的中国人兴奋地振臂欢呼！台下顿时掌声雷动。他就是让交通部（现交通运输部）原总工程师凤懋润都竖大拇指的贵州省交通规划勘察设计研究院股份有限公司总工程师杨健。

杨健，正高级工程师，注册土木工程师（道路工程）、咨询工程师（投资），享受贵州省政府津贴专家、贵阳市市管专家、贵州省工程咨询协会会长、中国公路学会工程设计分会副理事长、中国公路学会理事、中国公路学会桥梁与结构分会常务理事、中国土木学会桥梁与结构分会理事、贵州省公路学会副理事长、贵州省力学会副理事长。

杨健及其团队奋力促进提高贵州省的国际影响力。平塘大桥先后荣获国际桥梁大会（IBC）、国际咨询工程师联合会（FIDIC）、国际桥梁与结构工程协会（IABSE）等重要国际工程组织的各类桥梁大奖，是继港珠澳大桥之后目前中国唯一包揽三项国际大奖的工程项目。天空之桥，名扬天下。花鱼洞大桥以生态建桥理念的实践，精巧构思、精心设计，荣获国际桥梁大会（IBC）古斯塔夫·林德撒尔奖。绿汁江大桥荣获国际咨询工程师联合会（FIDIC）优秀工程项目奖。这些国际奖项的取得对贵州企业塑造国际品牌形象、提升国际竞争力起到了促进作用，使中国项目、中国质量、中国标准得到国际认可。

周大庆（贵州公路集团副总经理）：桥梁不可复制，技术没有捷径——

我们为什么要造桥，因为有了一座桥，就有了一条可以选择的捷径，但桥梁建造的技术，却是没有太多捷径可走的。

每一座桥，它所在的地形不同、桥型不同，面临的困难也不同，所以技术没法复制套用，需要我们花心思去实验、去求证，去找到一个最佳答案。建造北盘江大桥的时候，一个新工法的实施完成，有莱特兄弟发明飞机的感觉。我们用一米多厚的图纸，无数次的实体实验，无数次的动画还原，只为了验证一个结果，去服务我们的桥梁建设，技术本身没有捷径，但一旦形成了技术，那么生产力就有了捷径。

从古到今，从木桥、石桥，到混凝土桥、钢构桥，桥的概念一直没变，但我们建造桥梁的理念和技术，永远在追求新的突破。虽然这是一条漫长艰苦的道路，但我仍然会坚定

扎实,一如既往地走下去。

周大庆,1993年8月参加工作至今,一直从事桥梁施工企业一线工作,参与或主持修建几十座大桥、十几座隧道、200多千米路基施工,入职以来,周大庆都是以精益求精的态度奋战在施工一线。特别是贵州省实施国家西部大开发战略以来,在任分公司经理前参与了贵毕高等级公路、贵新高速公路、凯麻高速公路、玉三高速公路(项目副经理)、扎南高速公路(项目经理,2×200米主跨的预应力混凝土刚构桥)等省内高速公路,还参与了菲律宾卡巴公路(国外)、江西省昌厦高速公路(省外)施工建设。

周大庆一直活跃在科技创新第一线。在兴义环速高速公路峰林大桥的建设中,成功研发了主塔横梁预制提升技术、水袋吊重等代恒载预压整节段钢主梁桥面纵移安装工艺技术。在在建的六安高速公路北盘江大桥、纳晴高速公路牂牁江大桥等的施工中,他进一步发扬科技创新工匠精神,在长大隧道锚开挖出渣工艺关键技术、主索鞍散索鞍钢-混凝土组合结构、山区双塔双跨钢桁梁悬索桥的钢主梁安装关键技术——水袋吊重等代恒载预压整节段梁底轨道纵移桥机吊装施工工艺、山区500级钢管混凝土拱桥缆索吊大吨位(800吨)整节段吊装工艺智能集成系统研究等方面组织科技创新攻关研究,以解决施工中遇到的质量、安全、工期、成本等因素为着力点,特别是在从桥梁大国走向桥梁强国的过程中,以高品质工程为目标,在保障施工工人操作安全的前提下,以科技创新施工工艺工法为手段,减少资源消耗,提高效率,最终提高社会生产力水平。

刘彬(贵州桥梁集团副总工程师):每一件平凡的事做好就是不平凡,每一件简单的事做好了就是不简单——

桥梁建设是一个极其精细化的工作,而工作中的每个点滴都蕴藏着成功的可能性。有时候为了能得到一个准确的数字,可能一个数据需要验算若干遍,一份图纸需要不停修改,但哪怕我们只要能将桥梁线形误差再缩小1毫米,将混凝土内外温差再降低1度,就离成功更近了一步。在看到桥梁成功建成的那一刻,会觉得一切的努力都是非常值得的。

从小事做起,从细节做起,精益求精是我对自己的要求。在我看来,每一座桥都是一件艺术品,我会将每一项工程都当作精品去打磨。细节决定成败,只要把每一件平凡的事做好就不平凡,把每一件简单的事做好了就不简单。

刘彬,工程技术应用研究员,贵州省公路学会优秀工程师、资深会员、智库专家,贵州交通科技英才，第一届建筑工程项目质量管理标准化竞赛专家（裁判），中国土木工程学会桥梁结构分会理事，贵州省工程勘察设计协会地下空间分会副会长，中国公路建设行业协会第四届专家委员。

25年来，刘彬始终坚持求实、创新、进取的科学态度和工作作风，爱岗敬业、甘于奉献，先后参加了贵阳东北绕城高速公路、贵新高等级公路、京珠高速公路湖北南段、湖北襄十高速公路、湖北孝襄高速公路、广州新光大桥、重庆巫奉高速公路、贵州六镇高速公路、毕都高速公路、兰海高速公路贵州境遵贵扩容工程、都安高速公路等国家重点高速公路、市政工程项目的施工建设管理工作，先后发表学术论文共20余篇；获国家发明专利4项，实用新型专利2项，部级工法1项，省级工法1项；获贵州省公路学会科技特等奖1项、一等奖2项，贵州土木建筑工程学会科技创新奖一等奖1项。

刘建军（贵州交勘院交通事业部总工程师）：锲而不舍的奋斗，才能让我们成就卓越——

人生中第一次参与桥梁建造工作，是在高中。当时我在村子周围，看到那些大型设备震撼的现场，我就想，以后我也要去建桥，当工程师。

选择了桥梁工程专业，在学校自学了CAD制图，我对自己说，只要锲而不舍，没有什么事可以阻挡梦想。在我的职业生涯里，这样的信念一直支撑着我。

参与过一座又一座宏伟的大桥，每一座桥对我来说都是一次全新挑战。不管是什么桥型，我们都能够因地制宜，用创造性的工艺工法，花小钱、办大事，去解决一个个难题。

跨越重重考验，我们的创新设计越来越好，从独创的工法到原创的桥型，我相信只要保持初心，集合团队的智慧，我们都能一往无前，让贵州桥取得更卓越的成绩。

1998年，刘建军考取长沙铁道学院。2004年，继续在母校攻读研究生。坚持"躬身学习"，让刘建军逐渐成长为中国公路学会青年专家委员会委员，贵州省优秀青年勘察设计师、贵州省交通运输厅专家委员会第一届专家委员。

2013年底，思剑高速公路如期建成通车。刘建军设计的木蓬特大桥，正是思剑高速公路中的控制性工程，是省内第一座悬臂浇筑拱桥，主跨跨度165米。作为国内同类型桥梁的先行者，刘建军没有太多的经验可以借鉴。刘建军进行了大量的计算和分析，通过不断地优化分析和实践，成功地提出了悬浇拱桥临时拉索的合理张拉角度和张拉控制力，施工过程中改进了混凝土斜拉桥要张拉三次的传统理念，施工过程中每根拉索只张拉一次，提高了悬浇拱桥的施工效率和安全性，为之后国内悬浇拱桥的建设和发展提供了借鉴。

在刘建军的指导下，团队还成功建成了国内最大跨径悬浇拱桥——主跨跨度240米的沙陀特大桥。他还主持完成惠罗高速公路控制性工程、全长956米的红水河特大桥设计。2017年，红水河大桥获得在新加坡举行的Bentley全球基础设施杰出成就提名奖；2022年，红水河大桥荣获贵州省科技进步二等奖。

他还参与了平塘大桥和花渔洞大桥的设计工作。

廖万辉（贵州公路集团总工办主任）：技术在贵州淬炼，让山区峡谷的建桥技术走出国门——

从业十余年，正是贵州交通发展的黄金10年。10年来，我们开辟出一条条出山坦途，建立一座座跨江大桥，串联起了这"千山万壑"。这是一代代交通人的努力，感谢这十余年来的建造经历，锻炼了我，成就了我，并激励我不断向前。

正是因为有了在山区峡谷的桥梁建造经验，我才能有勇气和底气选择到格鲁吉亚，助力"一带一路"建设，让贵州技术在国外大放异彩。我始终认为，只有凭借过硬的技术和精湛的技艺，才能走出去拥抱世界，挑战更大的市场。我很自豪能够带着贵州的桥梁建造技术走出国门，让世界看到贵州。

廖万辉，1986年8月出生，贵州绥阳人，2009年6月毕业于湖南大学工程力学专业，高级工程师，一级建造师。先后参与厦蓉高速公路贵州省水口（桂黔界）至榕江格龙段公路AT22合同段；贵州省铜仁至威宁高速公路毕节至威宁段第3合同段；毕都高速公路第18合同段项目现场管理工作。

参建的世界第一高桥——毕都高速公路北盘江大桥先后荣获国际桥梁大会（IBC）古斯塔夫·林德撒尔奖、李春奖等多项表彰，个人荣获李春奖"优秀项目总工程师"、交通运输部2020年度交通运输青年科技英才等多项荣誉称号，荣获贵州省第十四届青年科技奖等多项表彰。

2015年3月，他任毕都18标项目副总工程师，履行总工程师职责，负责毕都高速公路北盘江大桥技术攻关。桥址周围地质条件复杂、气候恶劣，受征地拆迁和资金等原因，大桥（云南岸）开工较晚，工期滞后于对岸近9个月。在没有任何经验可以借鉴和学习的情况下，他和团队顶住巨大精神压力大胆创新、勇敢探索，采取液压爬模施工工艺，24小时不间断施工,通过主跨钢桁梁拼装施工,缩小节段安装时间,研发出中跨纵移悬拼新工艺,创新钢桁梁整节段梁底轨道技术,开展1:1大小的实体拼接试验,不同方案的图纸堆了2米多高。有时候他还和机械操作手一同练习,反复摸索,像刺绣一样进行节段拼装,并且把误差成功控制在5毫米内,终于抢在合龙前完成最后一个节段的桥面板和斜拉索安装,与对岸实现了同步合龙。

格鲁吉亚E60高速公路F4标是该国目前最大、最重要的基础设施项目。其中,贵州公路集团中标的F4合同段是贵州省"一带一路"暨国际产能合作重大项目,也是贵州交通施工企业目前在海外的最大标的项目。疫情期间,这位家里的"独子"和顶梁柱,毅然决定请缨带队,成为公司海外施工项目的"拓荒人"。

2020年12月7日,他和其他赴格鲁吉亚助力"一带一路"建设的职工,组成有108人的先锋队,在隔离结束并顺利完成检测后,冒着风雪抵达项目驻地。在格鲁吉亚项目实施期间通过项目设计优化、推广企业先进施工经验方法、开展施工组织设计等,组织开展多项专题技术管理、技术培训,打赢了一场攻坚克难的漂亮仗。

杨鸿波(贵州交勘院桥梁设计分院副院长):享受每一次与风的对话——

贵州的风,有点不太一样。不同于平原地区的直吹而过,这里的风被峡谷分隔,里外有着很大的不同。贵州的桥避不开贵州的风,我们要做的,是用最严谨的设计让桥经受风的考验。

桥梁的抗风性能是设计中必须解决的问题,在建桥前我们会花3到5年时间对峡谷风进行观测。风的变化有时只是细微的秒速波动,我们必须精准捕捉风的痕迹,描绘出风的样子。这是一项对耐心和细心的极大挑战,也是桥梁建设质量的重要保障。

在我看来,每一次观测都是一场与风的对话。我想听听风在说什么,也想让桥上的每一个行人也能听见。精益求精的工作态度,实事求是的科学精神,我要用更精确的数据讲述峡谷风和贵州桥的故事。

杨鸿波,2005年4月毕业于同济大学桥梁与隧道工程专业,工学硕士,同年进入贵州省交通规划勘察设计研究院股份有限公司工作,主要从事桥梁设计与科研工作,先后担任助理工程师、工程师、高级工程师、工程技术研究员技术专业职务。

2005—2009年,他先后参与了镇胜高速公路北盘江大桥(主跨跨度636米钢桁梁悬索桥)、平寨特大桥(主跨跨度3×235米连续刚构)、茅台特大桥(主跨跨度220米连续刚

构)、牛郎关互通式立体交叉、洛香大桥、四寨河大桥、流架大桥、花溪大桥、上岑信大桥设计,主持了乌江特大桥(主跨跨度160米连续刚构)、肇兴大桥(主跨跨度2×150米连续刚构)、岩子脚特大桥(主跨跨度160米连续刚构)等大桥设计。

他参与主持了六冲河特大桥、抵母河特大桥、盐津河二桥、茅台三桥、六广河特大桥、耳海河特大桥、平塘大桥、洛北河大桥、乌梅河大桥、飞龙湖乌江大桥、河闪渡乌江大桥(主跨跨度680米悬索桥)等特殊桥梁的设计工作。

他取得了省部级、行业协会科技进步奖、优秀勘察设计奖多项,获专利多项。主编著作2本,以第一作者身份在中文核心期刊发表论文4篇。主持设计的平塘大桥获国际桥梁大会(IBC)古斯塔夫·林德撒尔奖、国际咨询工程师联合会(FIDIC)全球工程项目杰出奖、国际桥梁与结构工程协会(IABSE)最佳基础设施奖、中国建设工程鲁班奖。

郭吉平(贵州交建集团科技发展部副主任):打破技术壁垒,坚持创新思维——

创新思维必须勇于走进"禁区",敢于跨越"雷池",打破条条框框的束缚,打破惯性思维的枷锁,才能创造出属于自己的东西。

一直以来,我都告诉自己,如果不够聪明,那么就多努力一点。如果一次不行,那就多试几次。参与木蓬特大桥修建时,我们花了122天最终定稿挂篮图纸,推出了贵州省内首创的悬臂浇筑施工工艺。不停地查资料做修改,反复地计算、绘图,最后我的手直接画出了腱鞘囊肿,在手上留下了桥的痕迹。直到今天,每次看到那个印记,我还是感到很自豪。

创新的最终目的,是创造出有用的东西。我知道创新并不容易,但我想做出属于我们自己的技术工艺,打破技术壁垒解决山区造桥难题,为桥梁发展贡献一份创新力量。

郭吉平,2007年参加工作。荣获贵州省2015年第二届行业道德标兵、贵州省2016年五一劳动奖章。近几年发表核心期刊论文5篇;主持省、厅级科研项目11项;获得国家专利139项,其中发明专利16项;主持编写省部级工法9项。

相比常人,郭吉平的成长是在不幸中充满着幸运。一岁半时他生父去世后随母亲改嫁。20世纪80年代的中国农村,吃饭都是个大问题,作为五姊妹中最大的男生,干体力活是避免不了的事情,14岁的他就能挑70千克的稻谷。特殊的家庭关系和成长环境,使他从小就明礼知耻,并在日常生活和工作中努力崇德向善。

郭吉平在建设木蓬大桥期间，始终坚守工地现场。从建设开始，到木蓬大桥悬浇正常化，总共有218天。按妻子的计算，郭吉平跟她在一起的时间不足7天（仅有146小时），其中还包含生小孩的时间。工地项目经理在石阡为项目部三对新人举办了个小型的集体婚礼，从工地赶赴婚礼现场需要一天多时间，他们家这对新人只有新娘出席。于是有了集体婚礼上只有5人的照片，后来被称为"两对半"的集体婚礼。每当看到这张照片，郭吉平满是愧疚。

近10年来，郭吉平和他的团队参与建设和申报的诸多项目硕果累累。镇胜高速公路北盘江大桥荣获贵州省科技进步二等奖、中国公路学会二等奖、贵州省公路学会一等奖和黄果树优质工程奖；水盘高速公路北盘江大桥荣获贵州省科技进步一等奖、贵州省公路学会一等奖、贵州省土木建筑工程学会创新奖、中国公路建设行业协会科技创新成果奖一等奖和黄果树优质工程奖；木蓬特大桥荣获贵州省土木建筑工程学会创新奖二等奖、中国公路建设行业协会科技创新成果奖三等奖和贵州省黄果树杯奖优质工程奖；凯里清水江大桥荣获贵州省土木建筑工程学会创新奖三等奖并创造了市政桥新的吉尼斯世界纪录。

吴大鸿（贵州交勘院总经理助理）：贵州交通的跨越式发展，离不开夜以继日的科研——

袁隆平说过，"搞科研，应该尊重权威但不能迷信权威，应该多读书但不能迷信书本"。科研的本质是创新，每一个科研人都应该大胆尝试，去创造新的东西。

"巧妇难为无米之炊"，在桥梁工程建设中，砂就是那个"米"。大学毕业后，我被选拔从事机制砂混凝土的科研工作。国外没有成功的先例，很多国内外专家也觉得我们不可能成功，但我坚信，只要坚持，我们一定可以做到。

日复一日地进行实验分析，坚守工程现场采集数据。经过20多年的奋斗，机制砂混凝土应用研究成功，为贵州公路行业节约建设资金至少230亿元，成为世界桥梁机制砂混凝土使用的典范。

科研对于我们来说，是不再受制于人的技术自由，是克服山区险要地形的卓越成就。我很幸运能参与到贵州交通的科研事业，我也将倾尽一生所能去追求。

吴大鸿，贵州省交通规划勘察设计研究院股份有限公司监事，中国公路学会工程设计分会副秘书长，WTC（World Transport Convention）公路学部专家，主要致力于公路桥梁工程机制砂混凝土技术的研究与成果转化应用。获国家科技进步二等奖1项，省级科技进步

奖和成果转化奖一等奖3项、二等奖1项、三等奖1项，中国公路学会科学技术特等奖1项。2014年获贵州省委组织部、省人力资源与社会保障厅、省科协联合授予第十一届"贵州省青年科技奖"，2010年交通运输部授予"全国交通运输行业优秀科技管理人员"称号。

20多年来，吴大鸿持续推进公路行业桥梁用机制砂混凝土技术的研究。主持和参与国家级、省级科研项目达17项。

在贵州开展机制砂混凝土研究初期，很多国内外专家和同行都不看好，觉得无异于异想天开。国外没有成功的先例，大概觉得国外这么先进都不能成功，偏远的贵州怎么可能成功？

吴大鸿突破了传统思维中对石粉"有害"的认识，大胆提出了"石粉在机制砂混凝土中具有胶凝作用"的构想，开展了大量机制砂与河砂混凝土的对比试验，获取海量数据，并成功论证。

2007年，吴大鸿作为技术骨干积极推动机制砂高性能混凝土地方标准编制。2008年，贵州省地方标准《贵州省高速公路机制砂高强混凝土技术规程》（DBJ52-55-2008）发布。这是全国第一部机制砂高强混凝土技术规程，为贵州公路桥梁机制砂混凝土应用提供了依据和指导，也成为国内公路行业机制砂混凝土技术规程的标杆。2021年，他与母进伟主编的中国工程建设标准化协会标准《公路机制砂高性能混凝土技术规程（英文版）》（T/CECSG：K50-30-2018EN）发布。该规程是中国标准化协会公路分会的第一部英文技术规程，促进了机制砂混凝土技术在"一带一路"工程建设中的推广应用。

经过20多年的奋斗，吴大鸿参与研究和推广的机制砂混凝土技术，已成为贵州交通山区峡谷桥梁建造技术的重要组成部分，也成为贵州公路独具特色的一项技术，产生了显著的社会经济效益。仅贵州公路行业，已应用机制砂混凝土超过1.1亿立方米，节约建设资金至少230亿元，减排CO_2至少330万吨，成为世界桥梁机制砂混凝土使用的典范。

刘小飞（贵州路桥集团副总工程师）：跨越山河之上的桥梁梦——

高考的时候，我的9个志愿填的都是桥梁工程专业，因为让桥跨越天堑，让路穿行云端，是我从小的梦想。

干一行爱一行，既然认准了这件事，就一定要把它干好。从水盘高速北盘江特大桥，到河闪渡特大桥，再到现在的六枝特大桥，我经历了一次又一次艰苦的挑战，从"空腹式连续钢构""新型挂篮"到"旋转式运梁平车"，我也一步步成长，收获了宝贵的"贵州桥梁建造方案"。在山区峡谷中留下的每一个脚印，都是我青春的印记，是我人生中的磨砺。

今年，是我参加工作的第二十个年头，贵州交通已经发生了翻天覆地的变化。虽然这么多年有过艰辛，有过煎熬，但每当看到那些跨越山河之上的大桥，在路上飞驰而过的车流，我的心里，都由衷地自豪。

近20年来，刘小飞始终以炽热的情怀，投身到火热的西部交通建设中，并从一个普通技术员成长为一名成就不凡的世界级桥梁建造者。

2009年，水盘高速公路北盘江大桥进场建设，桥梁结构形式为以前从未有过的"空腹式"连续刚构。为攻克这个史无前例的施工难题，刘小飞和他的技术团队明确分工、精诚协作，白天跑工地抓现场，晚上伏案头优化方案，几十个细化方案环环相扣，发现问题立即完善，细节不对即刻推倒重来，确保项目建设万无一失。最后研发了多项创造性的施工技术、施工方法，解决了北盘江大桥空腹式连续刚构的施工难题。2013年，主跨跨度290米的水盘高速公路北盘江大桥建成通车，作为完全具有自主知识产权的大桥，其填补了多项技术空白，刷新了多项世界纪录，也刷新了世界对贵州甚至中国修路造桥水平的认识与评价。

刘小飞在中外公路、桥梁专业期刊发表了《北盘江大桥悬索桥钢桁加劲梁施工技术》《大吨位倾斜行走挂篮施工技术》《大跨拱桥施工阶段索-拱组合结构的自振特性分析》等科技创新论文7篇，获得国家发明专利、实用新型专利、省部级工法24项，同时完成多项重要课题项目研究及其应用，其中"空腹式连续刚构桥空腹区施工技术研究"应用于水盘高速公路北盘江特大桥，研究成果达到"国际先进水平"。2016年，《预应力混凝土空腹（斜腿）式连续刚构新桥型关键技术研究》被确认为交通运输部科学技术成果。刘小飞已获得省部级奖项及表彰十余项，其中2017年荣获第十四届中国土木工程詹天佑奖创新集体奖、中国建设工程鲁班奖集体奖。2019年被贵州省公路学会和贵州省交通运输厅分别授予"第四届贵州省公路学会优秀工程师"及"贵州交通科技英才"荣誉称号。

张基进（贵州路桥集团五分公司副总工程师）：在山间筑起彩虹，只为更多人的梦想与希望——

我是山里的孩子，从小就想走出大山，土木工程专业毕业之后兜兜转转，现在又回到了群山之中。修一座彩虹桥，跨过山沟沟，一直是我最初的愿望。

桥型林林总总，但和我结缘的就是拱桥。大学毕业之后，我参与的第一个重要项目就是山区悬浇拱桥——木蓬特大桥，后来又到沙托特大桥、再到洪家渡大桥，回望这一座座

弯弯的拱桥，每一座都有我们团队勤勉的付出，都有我们创新突破的技术工艺。只有不断去钻研尝试，去创新实践，才能收获宝贵经验。

桥两边的山是贵州的山，桥下的河是贵州的河，我依然是在山间游走的建设者，现在不管是拱桥、悬索桥还是斜拉桥，我们都越造越好，用技术实力征服大山，给山里的人带去更多的希望和梦想。

张基进是贵州桥梁建造者的"80后"代表之一。2006年，张基进考入贵州大学土木工程专业学习，始终怀揣"我要当工程师、我要修路、我要架桥"的理想。

2016年，在他还不满29岁的年纪，公司决定让他"独挡一面"，担任沿河县沙坨特大桥项目总工程师。他立即投入这座主跨240米的钢筋混凝土箱拱大桥的施工中。悬浇节段钢筋整体吊装成为该项目施工的难题。如何让400根钢筋在空中实现毫米级的对接？辅助支架太轻，无法定位钢筋；辅助支架太重，又会大大增加吊装重量，同时也增加对接难度。那段时间张基进食不安、寝难眠，带领团队研究工艺、推敲细节，要求钢筋下料、加工、预拼装作为重点工艺严格把控，不允许出现丝毫差池。

张基进还主持修建了湄石高速公路河闪渡乌江大桥。该桥为主跨跨度680米钢桁梁悬索桥，施工过程中他大胆提出了大跨度悬索桥缆索吊装系统自动化控制施工技术，包括缆索吊装系统跑车工作状态实时监测、预警及控制技术，索力实时监测、预警技术，卷扬机工作状态实时监测、预警及控制技术，以及吊装系统集成控制和远程监测等技术。通过信息化、自动化、智能化的集成控制系统，旨在解决大跨度缆索吊装系统运行中的跑车就位精度低、协同能力差、各受力钢丝绳索力状况不清及吊装系统整体健康状态不明等问题。本项目的顺利实施，极大地推动大跨径缆索吊装系统向自动化、智能化方向发展。

2021年，公司承接了世界最大的整体式悬浇拱桥——剑河县X830县道锡绣大桥，公司再次委任张基进担任项目总工程师。他在大桥的建设中研发并采用了"拱圈变截面设计"和"北斗塔偏控制技术""猫道长距离混凝土输送"等多项新技术和新工艺，不仅提高了施工效率，还提升了施工精度，再一次实现毫米级精准合龙。

王骞（贵州桥梁集团六公司总工程师）：脚踏实地，是一名建设者的根本——

把一座桥架上云端，让车辆仿佛在天空飞驰而过，这本身是一件非常浪漫的事情。但造一座桥，更多的是需要脚踏实地，站稳脚跟，再去创造。

造桥不只是纸上谈兵，不是随便画画图纸、建建模型就能完成的，云端上的桥固然美丽，也要从泥土里一步一步生根发芽。在修建平塘大桥的时候，我带着采购的实验保温材料样品（30多千克的材料），在山间走了几千米，手上脚上都被磨破了皮，一身的汗水与泥土。这样艰苦的事例数不胜数，但就是我们桥梁建设者应该脚踏实地去吃的苦，只有这样吃苦，才能研究工法，才能总结技术、才能把造桥的意义想明白。

无论是多么绚丽的大桥，都是我们从泥土里垒出来，从汗水中拼出来的，这就是我作为桥梁建设者的勇气和自豪。

王骞先后参与了两岔河特大桥、坝陵河特大桥、观音岩长江特大桥、大宁河特大桥、平塘大桥，滇黔隧道、春天门隧道等重点项目的施工及科研工作。

王骞扎根工程施工第一线，积累了大量的实践经验，获得多项荣誉：中国施工企业管理协会科学技术奖创新成果一等奖1次，二等奖1次；获得贵州省科学技术奖7项，中国公路学会"桥梁工程创新奖"一等奖1次，中国建筑信息模型（BIM）大赛优秀奖1次，主持的《刚构桥0#段无焊接支架施工工法研究》获得贵州省公路学会科学技术二等奖，完成的"刚构桥0#段无焊接支架施工技术"被列为2018年度贵州交通运输建设科技成果推广目录，2019年被贵州省公路学会授予"第一届贵州省公路青年科技奖"。2021年中共贵州省交通运输厅委员会命名王骞同志为第二批贵州交通科技英才。

王骞参与建造了多个世界级桥梁工程，如坝陵河特大桥、观音岩长江特大桥、平塘大桥等，对斜拉桥、拱桥、刚构桥建设有丰富的施工经验，对缆索吊装工艺，转体、平移、提升工艺、悬拼工艺等有丰富的技术应用研究。作为项目总工参建的平塘大桥项目同时包揽了国际桥梁大会（IBC）"古斯塔夫·林德撒尔奖"、国际咨询工程师联合会（FIDIC）全球工程项目杰出奖和国际桥梁与结构工程协会（IABSE）最佳基础设施奖三项大奖，该桥是继港珠澳大桥之后唯一实现包揽三大奖项的国内桥梁项目。

在平塘大桥建造期间，为了研发适应项目使用的保温模板，王骞多次独自去到保温材料生产厂家考察，比选了多种保温材料。为了节约费用支出，王骞经常一个人打着车或坐公交车去各个厂家考察。有些偏远的厂房，打不到车，公交车也不到，他只能步行了。记得取样品回项目工地的时候，由于项目车在外，他只能自己带回去。王骞带着8块样品（约30千克），走了1千多米的厂区路，然后打车、坐高铁、坐小巴、坐大巴、坐皮卡，通过6种方式，5次转乘才到项目工地。

王骞自学了计算器编程技术，编制了公路路线不对称平曲线计算程序及桥梁竖转空间测量程序，并在核心期刊《公路交通科技》发表论文《珍珠大桥施工关键工序的测量控

制》。整理编写了缆索吊装结构计算程序并用于今后的施工实践中。提炼了《底那河施工技术总结》《临时钢牛腿设计手册》《预应力张拉工艺控制》《锁口钢围堰施工图集》等技术总结。研究的多项科技成果在业内得到了推广和应用。

刘骁凡（贵州公路集团八公司副总经理、总工程师）：传承前辈精神，架起连接未来的桥梁——

桥，仅是路的延伸，也是心的纽带。我有幸参与了贵州交通走向辉煌的历程，每一步，都承载着前辈们的智慧与经验。

在提出"钢桁－混凝土组合拱桥"全新桥型的那段时间，我在鹭鹭岩拱桥浇筑现场守了个通宵，直到第二天中午浇筑完成，又坐上高铁，赶到武汉找设计院沟通乌蒙山大桥桥型优化的事情，最终得到了设计院认可。回想起之前第一次工作参与北盘江大桥的修建，再到现在负责乌蒙山特大桥的建设，每一次向前都是对自己的挑战。

"桥扛起了山，人扛起了桥。"每一座新桥的诞生，都是一代代贵州交通人精神的传承。作为"90后"的我，将与更多的青年同伴一起，用激情与汗水，架起一座又一座连接未来的桥梁。

刘骁凡，1990年3月生，高级工程师，获得发明专利和实用新型专利10余项，获得国家级、省级工法20余项，获第一届贵州省公路青年、第二届贵州省公路学会优秀科技工作者、第六届贵州省公路学会优秀工程师等荣誉称号。

2012年夏天，即将从湖南大学土木工程学院毕业的刘骁凡，放弃读硕的机会，返回贵州，参与家乡高速公路建设，致力于当时的世界第一高桥——毕都高速公路北盘江大桥建设，从此打开人生崭新的一页。

受地理条件限制，毕都18标项目部设立在云南宣威大山深处的一个小山坡上。就在这样远离城镇，条件艰苦的环境中，刘骁凡从最基础的工作做起，熟悉设计、熟悉工程，逐渐从一个初出茅庐的"菜鸟"变成施工管理的骨干。

2014年4月，刘骁凡担任项目工程负责人，参与编写的《北盘江大桥主塔施工方案》《北盘江大桥纵移悬拼试验方案》等5个方案均得到实施，并申请了专利13项、施工工法1项、技术指南2套。

正在建设中的纳晴12标乌蒙山特大桥是纳雍至晴隆高速公路项目控制性工程之一，跨越阿志河峡谷及两侧斜坡而建，建成后将成为世界首座钢桁腹杆－混凝土组合拱桥。刘骁凡担任项目总工程师。

这一设计方案较之原设计劲性骨架外包混凝土拱桥，减轻自重27%；采用全新的山区装配化施工工艺，主拱节段及T梁采用预制装配化吊装施工，拱上立柱、系梁、盖梁的钢筋；采用整体节段吊装施工，实现山区桥梁全预制装配化施工；缆索吊装系统采用无塔架横移施工技术，设计吊重为300吨，吊装覆盖区域包含主桥及引桥，实现了全桥全覆盖吊装。乌蒙山特大桥的建设，将为大跨度钢桁腹杆－混凝土组合拱桥的推广应用提供典型案例和理论基础，丰富我国桥梁结构型式，提升中国特色山区桥梁建设水平。

第三节　桥梁发展折射新时代贵州交通精气神

万桥飞架，不仅见证了贵州大地发生的"千年之变"，更折射了党和国家事业取得的重大历史成就，彰显了中国特色社会主义制度集中力量办大事的优势与活力。

在一代代贵州人艰苦努力、砥砺奋进中，凝结形成了"矢志笃行、开拓创新，务实善干、勇当先锋"新时代贵州交通精神特质，成为激励山地贵州推进交通运输事业大踏步前进、跨越式发展的不竭动力。

瓮开高速公路开州湖大桥　贵州省交通运输厅/供图

矢志笃行

矢志笃行既是对"筑路意志坚·扛起大道上青天"等交通历史文化和愚公移山精神的弘扬传承,也是贵州交通运输自觉服务融入发展大局,听令而行、闻令而动的生动缩影。

开拓创新

开拓创新展现了贵州交通人敢为人先、勇于进取的精神状态,揭示了贵州交通在投融资模式、公路桥梁建设技术、深化行业改革等方面的创新密码,引领支撑贵州交通发展格局实现历史性重塑。

务实善干

务实善干彰显的是贵州交通人求真务实、埋头实干、善作善成的奋斗姿态,"一张蓝图干到底、一任接着一任干"的坚定执着,以及敢干事、能干事、干成事的价值体现。

勇当先锋

我们要不甘落后、奋勇争先,更要主动作为,自觉肩负起重大责任,努力当好中国式现代化贵州实践的开路先锋。

"大道至简,实干为要。"回望历史,贵州交通逢山开路、遇水架桥,创造了山水间的人类奇迹;展望未来,只要继续发扬"矢志笃行、开拓创新、务实善干、勇当先锋"的新时代贵州交通精神,接续奋斗,久久为功,就一定能够书写高质量发展新的时代华章。

第七章

从万桥飞架
看中国奋斗

第一节　从万山阻隔到万桥飞架

"新时代十年"贵州经济社会实现了大跨越、大发展，贵州交通发生了翻天覆地的大变化，现在已经成为贵州对外窗口中一张靓丽的名片。但回溯这个翻天覆地的变化，会让人想到几个关键词：万山阻隔、万民夙愿、万里征途、万桥飞架。

万山阻隔

说的是贵州的交通之苦、之难。

明朝思想家王阳明到贵州时的第一印象是"天下之山萃于云贵"，也就是说天下的山都跑到云南、贵州来了，在写诗的时候又说"贵筑路从峰顶入"路是从山顶上走下来的。"夜郎人至日边来"说贵州地势险峻。还感叹"连峰际天兮，飞鸟不通；游子怀乡兮，莫知西东"。明代《三才图会》描绘贵州"山箐峭深，地瘠寡利"，说的是千沟万壑、层峦叠嶂、土地贫瘠。清（康熙）《贵州通志》则感叹："黔，地瘠而贫……无一可供天府之需。"从武陵山、大娄山、乌蒙山到滇桂黔石漠化地区万峰林，再到麻山、瑶山、雷公山、月亮山，这些大山使贵州绵延起伏，大自然鬼斧神工造就神奇秀美的山水风光的同时，也造成了山阻水隔。事实证明，过去贵州的14个深度贫困县、66个国家级贫困县、20个极贫乡镇和2760个深度贫困村，就深藏在这些大山里面。过去流传贵州"天无三日晴、地无三尺平、人无三分银"。比如黔西北，地处乌蒙山腹地。过去，纳雍、威宁、赫章构成黔西北的"穷三角"，山高谷深、沟壑纵横、生态贫瘠。30多年前，联合国专家来此考察，丢下一句令人绝望的话："这里不具备人类生存的基本条件。"一个字，就是"苦"！

人们常说"蜀道难，难于上青天"，而黔道更比蜀道难。主要源于地形地貌、地质条件。

万民夙愿

这个"愿"，就是修桥筑路，矢志走出大山。

从历史发展来看，贵州交通发展经历了漫长而艰辛的岁月。公元前279年，战国时期，楚国为了扩张，调遣庄蹻将军率兵经黔入滇，途径且兰（今福泉、黄平一带）、夜郎（今安顺一带）、宛温（今兴义一带），算是发现贵州的"第一人"。秦朝时，秦始皇派人在西南修五尺道，从今四川经赫章、威宁通云南，让人窥见华夏中心文明进入今贵州的可喜足迹。汉武帝时，因战事所需，唐蒙动员巴蜀一带数万士兵修路入夜郎，形成今贵州南北通道的雏形。从古代中央王朝的视角看，今贵州地域实在太遥远。

交通再难，但贵州的先辈并没有望而却步。千百年来，贵州人都在进行着不屈不挠的奋斗开拓，其中有三个人物值得一提。一是明朝修建"龙场九驿"的奢香夫人；二是400多年前的葛镜，他散尽家财，两毁三建，最终修成了横跨福泉麻哈江的葛镜桥。还有一个是民国时期当过贵州省主席的周西成。他主持制定了《贵州省全省马路计划大纲》，组织完成第一次贵州交通规划，兴建贵州第一条公路，买进了第一辆汽车，"制定"了第一条"交通规则"：汽车猛如虎，莫走当中路，若不听劝阻，轧死无告处。

贵州第一辆汽车　贵州省交通运输厅 / 供图

通过回溯历史，不难发现，无论是历朝历代的官府，还是奢香夫人、葛镜这样的代表性人物，都没有办法从根本上解决贵州的交通发展的历史性难题。贵州人对于道路的通达，有着超出常人的渴望。

第七章　从万桥飞架看中国奋斗

再来看两个发生在 20 年前的故事。

第一个是当代"女愚公"邓迎香凿洞修路的事迹。在黔南州罗甸县沫阳镇麻怀村，"70 后"村支书邓迎香的孩子，因为道路崎岖救治不及，早早夭折，当时她牙都咬碎了，说："我恨这座大山，如果有一条出山的公路，就可以有急救车来，我的孩子就有救了。"此事激发出邓迎香的信念"苦熬不如苦干，苦干不如实干"。1999 年，邓迎香就从村旁边滚山坡的 40 米深溶洞打主意，带领党员群众在洞里开始往外凿隧道，一干就是 13 年。他们用的是最简陋的工具，日日夜夜三班倒，终于打通进村道路。

邓迎香的大女儿是村里第一个穿婚纱出嫁的人，但漂亮的婚纱却变成了"烂盐菜"，这一幕又刺痛了邓迎香的神经。她说："以后再也不让我们麻怀村的新娘子变成泥人了，一定要把山洞再拓高拓宽。"2011 年，长 216 米的人工隧道终于扩建成，大卡车终于能开进村了。两个多小时的崎岖山路变成了 15 分钟的宽阔坦途，轿车、货车可以从隧道中轻松地来回穿梭。"路通了，心就通了。心通了，财路就通了。"邓迎香凿开了通往富裕的新希望。当然在贵州还有很多个"邓迎香"，他们敢闯敢干、艰苦奋斗，不向大山低头，带领乡亲们修路致富。记得隧道通车的那天晚上，各家各户都在欢呼庆祝，唯有邓迎香独自一人跑到隧道里面去号啕大哭！

第二个故事就发生在赫章县石板河村，那里有一条刺痛人心的"挂壁公路"。在韭菜坪下面有一个村叫石板河，石板河村极其偏远，运输物品全靠"人背马驮"。5 个多小时的山路，需要翻越很多处险关，尤其是梯子岩险道不足一米宽，悬崖绝壁、深不见底。光是 1999 年，石板河村驮马就摔死摔伤 30 多匹，村民进出村途中摔伤上百人。

痛苦是勇气的开端。全村人共同的信念是："干！不修通路，死路一条！""路不修好，穷命一条！"在此之后，全村 2000 多人开始了轰轰烈烈的凿路工程。修路的人中，年纪最大的 74 岁，最小的才 12 岁，上工人数最多时可达 600 余人。

共产党员、退伍军人殷开举为救人不幸被巨石砸中，当时他年仅 35 岁！他的妻子史洪琴抹干眼泪说："修路是殷开举的愿望，他的命不能白丢，再苦都要打通这条路！"她代替丈夫，毅然将绳索套在腰上，飞身攀崖！从 1999 年 11 月至 2002 年 3 月，历经 840 多天，死亡 1 人，致残 2 人，重伤 1 人，轻伤 100 多人，石板河村村民战天斗地，终于修成了 7 千米的出山路，其中挂壁公路有 500 米长。石板河村顺利脱贫，成了网红打卡地，吸引着人们前去露营。

这些故事表明，贵州发展长期难在"路"上、卡在"路"上，但贵州人祖祖辈辈以战天斗地、顽强拼搏，不断打破交通瓶颈、改变自然力的束缚，就是为了改变前途和命运。像这样架桥修路挖隧道的故事，在贵州还有很多很多。

万里征途

这是贵州现代交通发展的真实写照。从新中国成立以来,贵州交通的发展经历了漫长而艰辛的奋斗历程。党的十八大以来的新时代十年(2012—2022年),贵州交通才真正发生了翻天覆地的大变化。

在党中央的坚强领导下,贵州抢抓2012、2022年两个国发2号文件出台的重大历史机遇,坚持交通先行、交通引领的发展理念,大力推进系列会战攻坚行动,逢山开路、遇水架桥,交通基础设施建设取得历史性成就、发生历史性变革。贵州在西部率先实现"县县通高速公路""村村通沥青(水泥)路和村村通客运""组组通硬化路",民用航空机场市(州)全覆盖,打通"北上长江"水运通道,即将实现"市市通高铁",在山地丘陵随处可见的贵州高原上架起了一马平川、四通八达的综合立体交通网,实现了从"西南地理枢纽"到"西南陆路交通枢纽"的历史性跨越,发展格局实现历史性重塑。体现在四个变化上:

一是从"跬步皆山"变成"高速公路平原"。新中国成立时,贵州公路实际能维持通车的里程只有1950千米;1964年,全省实现县县通公路。1978年,全省公路里程30558千米,但其中大部分公路是"晴通雨阻"的半拉子路。1986年贵州第一条高等级公路贵阳至黄果树高等级公路开工建设。2001年,贵州第一条高速公路——凯里至麻江高速公路建成通车。随后清镇至黄果树、崇溪河至遵义等高速公路、高等级公路相继建成,西南公路出海通道全线贯通。

2009年,贵州启动"县县通高速公路"工程,全面拉开了6横7纵8联的高速公路网规划建设。2015年实现县县通高速公路,开启了贵州交通发展的新篇章。截至2023年年底,全省高速公路建成通车里程8784千米,意味着贵州的高速公路里程超过了日本,是英国本土和印度的总和。全省已建和在

第七章　从万桥飞架看中国奋斗

建的隧道，连起来超过 3700 千米，是贵阳和香港之间距离的 3 倍。贵州修路，成本高、施工难，但我们贵州人埋头苦干，不仅将贵州从崎岖坎坷变成了"高速公路平原"，也改变了贵州的区位优势，成为真正意义上的西南陆路交通枢纽。

二是从"隔涧相望"变成"大道坦途"。筑路出大山、天堑变通途，这是贵州人千百年来最大的期盼。在农村，发展最需要的是修路，群众最期盼、最支持的也是修路。"十三五"时期，全省共投资 1292 亿元，新改建农村公路 6.86 万千米，建成通组硬化路 7.87 万千米。2017 年，实现所有建制村通硬化路、通客运；2019 年实现 30 户以上自然村寨全部通硬化路，全省 1725 个 500 亩以上坝区实现等级公路全覆盖，加速了"黔货出山"的步伐，为创造中国减贫奇迹贡献了交通扶贫经典战例。

2019 年，贵州省在西部地区率先实现三十户以上农村公路"组组通"　贵州省交通运输厅 / 供图

农村公路实现由"通不了"向"通得了"再到"通得好"的转变,有效打通了服务群众"最后一千米",从根本上改变了贵州大地农业农村发展条件。脱贫攻坚期间,有一个大姐说,现在路好了,她一年回娘家的次数比过去十年还要多。现在是路越修越长,群众满意度越来越高。

三是从"激流险滩"变成"通江达海"。新中国成立初期,贵州内河航道均为自然航道,只有小吨位的木船。2008 年开工建设贵州省第一条高等级航道——南、北盘江,红水河四级航道整治工程。2014 年底启动"水运建设三年会战",2016 年,航电开发实现"零突破",全省高等级航道里程达 988 千米,居全国 14 个非水网省(市)第 1 位。2021 年11 月,乌江构皮滩通航工程,千吨级货船电梯呈现出一幅"水往高处走、船在天上行"的壮丽景观。现在千里乌江全线复航,实现了贵州千百年来通江达海的梦想。

都柳江大融航电枢纽　贵州省交通运输厅/供图

第七章　从万桥飞架看中国奋斗

四是从"人背马驮"变成"各式枢纽"。除了高速公路、国省干线、农村公路、内河航运迅猛发展之外，我省轨道交通、航空运输、邮政物流枢纽也发生了翻天覆地的巨大变化。2014年，贵广高铁建成通车，贵州正式进入高铁时代。如今，贵州高铁通车里程突破1800千米，铁路总里程突破4300千米。省会贵阳成为全国十大高铁枢纽之一，区位优势明显。曾经"西上令人老"的"夜郎万里道"，今天乘坐高铁最快6个多小时从西安就能到达贵州。过去全省只有一个机场，现在各市州都有，成为实现民用航空机场市州全覆盖的2个省份之一（另一个是内蒙古自治区），贵州"一干十三支"航空体系形成了西部地区"空中高速公路网"。龙洞堡机场进入全国骨干机场行列，贵州人民实现了到世界各地"说走就走"的出行自由。

2014年，贵阳至广州高铁建成通车，贵州正式进入高铁时代　贵州省交通运输厅／供图

千百年来的夙愿，在我们这一代得以实现，令人感到无比振奋和自豪。从"高速公路平原"到通江达海，从高铁时代到飞天遨游，我们的公路、水路、铁路和空中之路，这四条路迅猛发展，让贵州实现了由黔道之难向立体交通之畅的精彩蝶变。尤其是新时代十年，大家有目共睹。原来说"贵州到，汽车跳"，现在是"贵州到，汽车笑"。大交通不断释放大活力，彰显大效应。路通了，群众眼界广了，干部观念活了，经济发展快了，极大地长了贵州人的志气和信心。建成一条路带动一大片地区的崛起繁荣，交通建设一次次成为贵州经济发展的强大引擎，从大交通"一个大"激活大区位、大产业、大旅游、大物流、大数据等"十个大"。

万桥飞架

这是贵州桥梁建设大发展的现实场景。

在交通大发展大跨越的历史进程中，贵州桥梁建设突飞猛进，数量多、类型全、技术复杂、难度极大，创造了数十个"世界第一"，赢得了"世界桥梁看中国、中国桥梁看贵州"的美誉。

第七章　从万桥飞架看中国奋斗

贵瓮高速公路清水河大桥　贵州省交通运输厅 / 供图

有三个有意思的数据值得分享给读者：一是世界前100座高桥中有近一半在贵州，已建排名第一的毕都高速公路北盘江大桥（565米高）在贵州，在建的花江峡谷大桥高625米，建成后将成为新的世界第一高桥！雄踞在贵州崇山峻岭中的一座座高桥，展示着贵州建桥技艺的高度，体现着贵州交通发展的速度，彰显着贵州交通"黄金十年"赶超跨越的力度。二是经过不懈奋斗，贵州共修建了3万多座桥梁，把所有已建和在建的桥连起来超过了5400千米。三是新时代十年，贵州累计建造了11 644座桥梁，连起来达到3011千米。贵州是当之无愧的"世界桥梁博物馆"！

这些桥，是贵州交通建设巧夺天工的精品力作，是贵州千万人民脱贫致富的重要支撑，是贵州经济社会赶超跨越的有效保障，是贵州打造内陆开放高地的显著标志，是新时代贵州精神的生动写照。可以说，一座桥梁就是一段攻坚克难的征程，一座桥就是一种永

第七章 从万桥飞架看中国奋斗

不服输的气概,一座桥梁就是一座走向胜利的丰碑。这些桥,还是贵州交旅深度融合的经典范例。近年来,贵州按照习近平总书记的殷殷嘱托,依托世界级桥梁的独特优势和交通基础设施优势,加快推进桥旅、路旅、航旅、交邮、交产"五大融合",推出了一批桥旅融合"网红打卡地"。比如,坝陵河大桥可以进入桥体内部观光,开展蹦极等极限运动。平塘大桥穿云拨雾,被誉为"天空之桥",是充满浪漫感的交旅融合理想去处。在建的花江峡谷大桥是一座主跨跨度和桥高为"双世界第一",地处三叠纪这一古老地质构造上,具有独特魅力。当前正按世界级景区景点标准打造桥旅融合项目,利用桥体设施可以增加大秋千、蹦极、跳伞、攀岩、竞速跑道、空中漫步、玻璃栈道、观光电梯、塔顶水吧等极限运动和旅游体验设施,集住宿、餐饮、观光、休闲、露营、科普、研学等于一体,能够带动周边景区及产业发展,令人期待、令人兴奋。

坝陵河大桥 贵州省交通运输厅/供图

第二节 万桥飞架的"三大美学"和"五大价值"

万桥飞架,给人们呈现出了三大"美学价值":

形态美

万桥飞架,让大桥与大自然完美融合,各式各样的桥梁矗立在山谷之间,耸立于白云深处,与青山绿水相得益彰,连通五湖四海。正可谓各美其美、美美与共、美上加美,是中国基建的伟大缩影、大国工匠的智慧杰作!体现了"天人合一、道法自然、知行合一、

毕都高速北盘江大桥——世界第一高桥　周家志/摄

开放融合"的贵州文化特质,这十六个字正好也概括了我们贵州桥的形态美和内在美。其中,"天人合一"的"天",就是指大自然赋予人们的山高谷深、沟壑纵横,"人"是指古往今来尤其是新时代贵州人的奋斗与创造。而最大的"知行合一",莫过于把习近平新时代中国特色社会主义思想在贵州高原各地、各行各业开花结果、落地生根。

格局美

现在,贵州交通向北可以连接成渝双城搭上中欧班列,向东穿过长株潭直通长三角经济圈,向西通过云南连接着东盟,向南接驳珠三角和北部湾经济区,贵州西南陆路交通枢纽的地位日益凸显。桥隧相连,使全省高速公路出省通道达27个,预计"十四五"末将达到29个,高速公路将达到9500千米,与周边省份形成至少3个省际通道,省域内实现以贵阳为中心的"2小时"覆盖黔中经济圈、"4小时"通达全省、"7小时"通达周边省会城市的"247高速公路交通圈"。万桥飞架、大道纵横,让贵州敞开了开放大门,与全国发展融合得更紧密,步调更一致,也让新型工业化、新型城镇化、农业现代化、旅游产业化高质量发展的四个"轮子"跑得更快。贵州交通的大格局,已然成为贵州走向世界、世界拥抱贵州的无形纽带!

贵瓮高速公路清水河大桥　贵州省交通运输厅/供图

多·彩·贵·州·桥

中央电视台《焦点访谈》播出系列节目《中国路》，第一集就介绍贵州桥梁建设的成就。新华社、《人民日报》、《经济日报》等，包括港澳媒体、法国《欧洲时报》、英国《泰晤士报》等多家媒体都对贵州桥梁建设进行了重点报道，让人目不暇接，贵州桥梁惊艳了世界。

精神美

建设者们筑路意志坚，扛起大道上青天！呈现出"山硬不如骨头硬，岭高不如志气高"的英雄气概。从有形之桥到无形之桥，我们感到是"桥"，突破了大山的重重封锁，畅通了贵州的对外联络，把贵州从"千沟万壑"变成"高速公路平原"。以"桥"为代表的交通基础设施改善，唤起了贵州人敢与强的比、敢向高的攀、敢同勇的争、敢跟快的赛的干事创业激情。

兴义市环城高速公路峰林大桥建设现场　谭丽华／摄

坝陵河大桥于2009年建成。在此之前，贵州没有跨度超过500米的山区桥梁建设经验，而要造的坝陵河大桥跨度超过千米！没有资料也没有经验，怎么办？只能自己埋头摸索。这座桥用的钢桁梁单组重达70吨，当时贵州没有这样的吊装设备，国外的设备需要2000万元，后来熊世龙等设计专家和建设者自行研发，研发费用不到300万。就是这样不停地突破一个个难题，最终建成了这座跨径千米的大桥。从500米到1000米的跨越，正是贵州奋斗的真实写照。此桥当时就创造了两个记录：世界首座山区峡谷千米级跨径桥梁，中国第一次用桥面吊机架设的钢桁梁悬索桥。这座桥还是贵州建设世界级桥梁的开端，具有里程碑意义。就从那个时候开始，贵州桥梁建设就像是"打通了任督二脉"一样，一路"开挂"。

在坝陵河大桥建设期间，发生了一件惊险的事情。有一次两个技术员（一男一女）上了大桥主缆上的猫道查看施工情况，猫道距离峡谷谷底高度超过了400米，悬在空中。这个时候坝陵河峡谷狂风大作，把猫道吹吹得歪歪扭扭，下面的工友们着急地看着两个技术员悬在半空，惊恐万分。他们紧紧地抱住主缆和猫道，与狂风搏斗了40多分钟。后来男的向女的求婚，并在大桥上举办了婚礼。他们是在用生命建桥，大桥也见证了他们的"生死之恋"。

当前贵州打造"世界级旅游目的地"是一个热门话题。经梳理分析，贵州桥旅融合发展存在五个显著价值：

桥梁本身的景观价值

桥梁结构壮观，充满力学之美。这些超级工程与周边环境和谐共生，各美其美、美美与共、美上加美，成为一道道独特而又充满震撼力的美丽风景线，体现了中国基建智慧和大国工匠魅力。

桥梁构造物带来的独特运动体验价值

利用桥体设施可以增加大秋千、蹦极、跳伞、攀岩、竞速跑道、空中漫步、玻璃栈道、观光电梯、塔顶水吧等极限运动和旅游体验设施，能极大满足游客旅游猎奇需求。

围绕桥梁建设服务区带来的综合旅游价值

桥梁服务区集住宿、餐饮、观光、休闲、露营、科普、研学等于一体，拓展它的旅游功能、创造消费业态，满足游客观光旅游、休闲度假。

桥旅融合对地方旅游景区开发具有带动作用

桥旅融合项目能够带动周边景区及产业发展，形成精品旅游线路，让景区联动起来，提升旅游竞争力。世界级桥梁是我省独特的旅游资源，目前还没有哪一个国家或地区能在较长时期拥有这么多世界级桥梁。

贵州桥梁所具备的特殊文化价值

贵州桥梁形式多样、形态各异，不论是百步桥、独木桥、板凳桥、溜索桥、铁索桥、风雨桥、古驿道、官道上的石拱桥，还是富有民族特色的风雨桥，还是新时代兴建的世界级大桥，贵州桥梁的典型性、浪漫性、挑战性等多元特质，赋予贵州桥梁文化丰富内涵和独特魅力，成为贵州红色文化、阳明文化、屯堡文化和民族文化之外，与酒文化、茶文化并驾齐驱的桥梁文化，自成体系，令人神往。

围绕世界级桥梁打造世界级旅游景区景点，是贵州的独特优势和重大机遇。

当前贵州正在大力构建"快旅慢游"综合交通运输体系，为加快把贵州建设成"世界级旅游目的地"提供坚实的交通运输保障，主要从五个方向发力：

进一步完善旅游交通基础设施

加快完善全域旅游高速公路网，优化黔边城市群旅游出省大通道，加快贵南高铁、贵广高铁提质工程建设，提升贵州与周边省份互联互通水平；有序推进乡镇通三级及以上公路建设，改善重点旅游区基础设施条件；强化客运站无缝衔接枢纽通道建设，推进多种运输方式有效衔接，提升综合客运一体化水平。

进一步提升旅游交通服务能力

进一步完善高速公路、普通国省道等沿线旅游交通标志标牌；对旅游精品路线上的高速公路服务区实施旅游功能提质改造；推动客运与热门经典旅游等深度融合发展，丰富旅游客运服务产品。

进一步提升旅游交通智慧化水平

依托贵州省旅游协同监管平台、运营服务平台，健全交通与旅游基础设施共享机制。

进一步提升旅游交通安全保障水平

加强连接景区公路安全防护投入和危旧设施更新改造,夯实旅游交通安全设施;加强旅游交通安全风险防控,健全旅游客运安全监管机制。

进一步加快示范(试点)工程建设

以坝陵河大桥、平塘大桥、花江峡谷大桥的桥旅融合项目建设为示范,带动全省桥旅融合有序发展;同时加快推进锦江、清水江、樟江等航旅融合试点工程建设;加快推进沪昆高速公路龙宫服务区、凯雷高速公路西江服务区等交旅融合示范项目建设。

第三节　从万桥飞架看中国奋斗的时代解读

苍山如海的贵州高原，是高速公路三年建设会战的主战场。还记得2013年初，贵州省委、省政府向全省发出高速公路三年建设会战的号召。计划到2015年，会战三年，总投资4000亿元，新建成高速公路2500千米以上，实现通车里程5100千米以上；全省88个县（市、区、特区）全部通高速公路。这个已经圆满实现的宏伟蓝图，堪称贵州高速公路建设史上的壮举，规模之大、投资之大、压力之大，前所未有！作为三年会战的开局之年，2013年在贵州交通史上具有里程碑意义。面对历史机遇和重任，贵州人不辱使命，合力攻坚，背水一战，将心血和汗水洒在高原的城乡之间和山川河谷之上，在这一年里创下了建成高速公路651千米，高速公路通车里程3281千米的不凡业绩！

毕威高速公路是《贵州省高速公路网规划》（678网）中"二横"的重要组成部分，是黔西北重要快速通道，是贵州规模最大、难度最高的独立BT项目，许多项目元素创全省、全国乃至世界之最。这副重担落在了贵州省公路工程集团有限公司身上，他们不辱使命，建成了这条目前贵州高原上平均海拔最高的高速公路。

杭瑞高速公路贵州段，经铜仁、遵义，过百里杜鹃，转入七星关之后，便由此登上了最为神奇的一段历程。当设计图纸标明要经七星关，过野马川，抵达明珠草海，就注定了毕威高速公路的不平凡。

最让建桥人一生都值得骄傲的，是他们亲手修建了当时世界第一高墩的赫章特大桥。一个叫冉光明的小伙子，伴随着11号主墩的增高日益老练成熟。这位眉清目秀的小伙子路桥专业毕业后，一路追随公路集团筑路大军，向卢新建、刘浩然等"师傅"讨教，攻坚赫章特大桥11号主墩。

越是艰巨的项目工程，往往越是磨炼科技工作者的最好战场和培养管理干部的最佳平台。"灵感、科技、奇迹，统统都是压力逼出来的！"对于勤学苦干的冉光明来说，如果不是遇到这样富有挑战性的项目，他绝不会在技术创新的道路上迈出稳健的步子。主墩的地下承台浇筑混凝土共37200多立方米，周长100米，50多人手拉手才能围拢，承台施工一次成型为贵州方量最大，已经令人叹为观止。然而在桥墩施工中滑模、爬模、翻模等工艺进度太慢，小冉火速去铜仁至大兴线高速公路工地向中铁一局前辈学习，反复拿矮墩试验，最终将施工工艺改进为"液压爬模+液压翻模"，全国无此先例，得到集团公司技术核心部门的认可，实现主墩升高至195米，创造了世界性的奇迹。

大风肆掠，在赫章城外这个空阔的后河峡口，6月份风平均每天达到8级以上。墩高，材料吊装运送尤为困难；再加上温差大，放样精度受到影响。冉光明每天6点起床，8点前完成测量，随时矫正放样标准。

"如此大之墩，公司几乎无人搞过。我们技术新员工必须上，逼着进步。验收时，塔吊都是冻上的。未有安全事故。和一般工程实践是两码事，虽然艰辛，却得到技术和管理经验提高的丰厚回报。"这是冉光明记录在本子上的一段话，也是整个毕威项目工程甚至整个高速公路会战中所有年轻技术骨干们的共同体会。

战斗没有硝烟，却让人惊魂；建设没有血泪，却撼人心魄。放眼望去，全省高速公路"三年会战"的宏大场面上，毕威高速公路建设作为其中一役，当年已然完美告捷！

今天的贵州，在习近平新时代中国特色社会主义思想指引下，不为经验所束、不为困难所惧，越来越自信、自立、自强！

在仁怀至遵义高速公路通车的时候，黄大发老支书说自己的三个愿望实现了：修通水渠，让乡亲们吃上大米饭；通路通电，实现脱贫奔小康；还有一步迈上高速路，让子孙后代的腰包要鼓起来。面对雄伟的大发渠特大桥，老支书举起了手，喊出了四个伟大。他说："伟大的党啊，伟大的桥，伟大的人民，伟大的建设者！"老支书感叹："没有伟大的党，又怎么会有伟大的桥呢？"

美国青年伊谷然到贵州看世界超级大桥，和建设者、当地乡亲们交流后，深深被震撼，他说中国共产党建设伟大工程，是为了让那里的人们生活得更加幸福。他相信，尽管中国每天都面对着巨大的挑战和困难，但经过艰苦斗争，中国式现代化一定能实现。

通过一个个震撼人心的故事、一个个攻坚克难的历程，可以感悟到——

万桥飞架，不仅架起的是穿山越壑的有形之桥，更架起了连通百姓的无形之桥、心灵之桥。世上无难事，只要肯登攀！任何一项事业，都不可能一蹴而就，都需要锲而不舍的接续奋斗。

"奋斗"二字，饱含智慧勇毅、彰显使命担当。新时代新征程，我们要讲好贵州故事、讲好"为人民利益而奋斗"的中国故事，将中国奋斗内化于心、外化于行，转化为中国式现代化进程中亿万奋斗者的强大精神力量！

第四节 打开旅游新"天窗"

当前，贵州正在致力于"讲好贵州'桥'的故事，擦亮'桥'的名片，努力在'桥旅融合'上实现新突破"。

相关职能部门和地方，正在深入挖掘桥在全省旅游产业化中的特殊功能定位，用好世界级资源，对标世界级标准，努力把桥打造成贵州世界级旅游标识。围绕资源、客源、服务三大要素精准发力，创意规划桥旅融合项目，丰富拓展旅游业态，线上线下、境内境外共同发力做好宣传推介，为游客提供周到便捷服务，全力打造世界级桥旅融合示范项目。同时凝聚推进桥旅融合工作的强大合力，做到在理念上同步、行政上统筹、运作模式上创新，积极引进旅游行业优强市场主体，共同做好桥旅融合大文章。

目前，已建成运营的平罗高速平塘大桥、沪昆高速坝陵河大桥及在建的六安高速花江峡谷大桥3座大桥作为桥旅融合发展重点示范工程，贵黔高速公路鸭池河大桥和龙里河大桥、大发渠大桥等桥旅融合也呈现出欣欣向荣的发展态势。与此同时，贵州正在积极筹备建设"世界桥梁博物馆"。以世界级大桥为引领，世界级桥梁博物馆为支撑，辅以天生桥、古桥、民族风雨桥、民族祭桥节等多元桥梁文化为特色，创新整合全省丰富旅游资源形成"桥梁+"和"+桥梁"新模式，正在成为人们所期待的发展前景。

"天空之桥"平塘大桥

以天空之桥服务区作为依托打造桥旅融合项目，突出桥梁文化、星际空间、文化创意等元素，打造了全国第一个服务区天文观测台和天文科普教育基地、全省第一个桥梁科普馆、"牙舟陶"非物质文化遗产展示与工艺体验区和首个自营酒店等。文体旅部门及各类知名企业联袂打造，协调联动当地村寨、平塘周边旅游景点，培育休闲观光、研学开发、山地运动、农事体验等旅游新业态，促进"快进慢游"。

硬件设施越来越完善。建设贵州公路精神文化传承馆；修建综合性用房，提高天空之桥景区接待能力，扩大客容量，在园区内修建天问研学楼；改造扩建房车露营地，优化露营环境,满足广大游客多样化出行需求;对观景平台停车场进行改造,增加帐篷露营区、天幕区、露天电影区、烧烤区等配套服务设施,延伸旅游消费,努力构建布局合理、功能完善、业态多元、管理规范的夜间经济发展格局;增设了以桥梁、云朵、天文为主题的网红打卡点,打造具有代表性的标志点和关键吸引物,促使游客群体性的转发点赞,引爆景区热点;更新景区内标识标牌,对标 AAAA 级景区标识标牌要求,围绕桥梁、太空主题元素,对景区内导览标识进行更新,丰富景区主题文化的同时为广大游客提供准确、全面的景区业态及服务信息;打造天空街区品牌文创店,在景区综合楼开设天空街区文创店,店内设置"天空之音"空灵鼓体验区、"天空手办"玩具销售区、"天空工坊"手工体验区等;增设移动餐车,结合五一、国庆等节假日,合理制定餐车经营计划,将移动餐车打造为移动文创品销售点及特色小吃销售点;完善酒店基础服务设施,增加了餐厅扫码点餐、早餐房卡管理、押金管理三个系统,提升酒店服务品质。

开发特色文创产品,打造研学旅游品牌。为了适应研学旅游市场的新变化,天空之桥创新"旅游+"模式,整合景区周边旅游资源,开发文创产品,积极打造研学旅游特色品牌。致力于研学课程开发。充分利用现有研学资源,围绕桥梁知识科普、桥模搭建、天文观测等内容,与专业研学课程开发机构合作,分级分类分层开发研学经济,根据不同受众,精准设计研学课程,推出吃、住、娱、游、学相结合的沉浸式研学体验活动。开发文创产品中,结合景区主题文化内容和天空之桥IP,将天空之桥国风设计图作为主要元素,围绕

平塘大桥成为浪漫之桥,备受游客青睐　贵州省交通运输厅/供图

党建、研学、亲子定制旅游文创产品，目前已研发天空之桥主题帽子、扇子、抱枕被、商务笔、书签、油纸伞等相关文创产品40余款。在研学导师培训方面，为提升天空之桥研学服务质量，组织酒管公司部分工作人员到天眼研学营地进行研学导师培训，同时对桥梁项目STME课程的进行培训，通过导师教学+自学+轮番考核的方式，打磨研学团队，增强天空之桥研学基地软实力。研学旅游人气越来越高，通过线上宣传+线下走访的方式，大力推广研学课程。与各级教育局、学校、研学机构、旅行社合作，搭建客源互享、资源互补、信息互通的研学旅游平台，吸引大量研学旅行消费群体到天空之桥开展研学。

活动助力引流宣传，文旅融合促发展。结合天空之桥景区特点和优势，组织举办丰富多彩的主题活动。抢抓"假日经济"，围绕"吃住行游购娱"等要素，在五一、中秋国庆节假日期间推出农产品促销、悬崖酒店、房车酒店、豪华露营帐篷等多个住宿优惠套餐活动。把握暑期人流出行高峰机会，筹备举办了星空啤酒音乐会、桥陶之约音乐会等主题活动；开展研学教育论坛、旅游产品推介会等活动，联合业内人士共同推介天空之桥研学旅游，切实提升知名度和服务品质。

凝聚国企力量，助力乡村振兴发展。利用天空之桥乡村振兴直营店，为附近村民搭建平塘农特产品销售专柜，增加平塘县优质农特产品销量。对接属地政府，与桥下平里河村万亩果园基地合作，开通地方农特产品销售专线，利用节假日开设嘉遇集市，为本地居民销售农特产品。利用天空之桥媒体关注优势，对属地农特产品进行宣传，提高本地农特产品知名度，助力黔货出山。

争先创优展形象，助力桥旅融合再提档。对标创建工作目标任务要求，积极开展研学基地、劳模疗休养基地、"青年文明号"等创建工作，科学规划桥旅融合项目，努力做到与景相融、为景所融，不断提升游客的满意度，持续做好桥旅融合大文章。天空之桥引入第三方公众号运营单位合作，在微信公众号定期发布观桥、打卡、研学、住宿、美食、活动等方面宣传内容，加强线上线下宣传，正在加强旅游宣传推广，打响桥旅融合示范知名度。

坝陵河大桥

依托坝陵河大桥和贵州省坝陵河桥梁博物馆，联动拓展研学产品业态，全面提升基地研学旅游融合功能，打造集"极限运动、研学教育、党建团建"为一体的桥旅融合创新示范项目，获评"全国中小学生校外研学实践教育基地""全国科学家精神教育基地""全国科普教育基地""贵州省中小学生研学实践教育基地""中共贵州省委党校现场教学点""贵州省团校实践教育基地""贵州省第八届科普工作先进集体"等十余项国家级、省部级的荣誉称号,知名度和影响力进一步提升。

"桥见贵州"系列文创大受欢迎。与积木头部企业、故宫博物院等国内知名文创团队合作,开发了"桥见贵州"9个系列100余件文创产品,其中桥梁系列纸雕灯文创产品在全国两会等重要会议及活动中展陈亮相,并作为专属伴手礼赠送给马来西亚、毛里求斯、希腊、斐济等70余个国家驻华大使。

桥上桥下联动发展。与黄果树景区、黎阳航空展馆、关岭化石馆串点连线,同步推出上架联合套票产品;登桥观光、高桥运动项目等7项产品在安顺市全域旅游官方在线平台销售。

高度重视科普研学功能发挥。与省委党校联合开发了"桥见贵州"党建课程,坝陵河桥梁博物馆先后接待了3000余人到馆开展党团建主题活动。开展"国之重器·大国工匠""国之重器·桥梁科技""桥见贵州·青年工程师说""百家讲坛·建桥学院""桥见百年中国邮票展""桥梁科技活动周"等主题活动60余次,开展"贵州希望工程升级版·桥见希望"桥梁科普进校园活动。组织100余名工程师组成"贵州桥梁科普宣讲团队",共计在30余个市县100余所学校开展"桥梁科普进校园"主题活动120次,吸引了10万余名师生参与。

着力扩大国际影响力。坝陵河大桥举办第8届"中国·黄果树坝陵河大桥低空跳伞国际邀请赛",邀请了来自11个国家(地区)的25名选手同台竞技。在中国—东盟教育交流周布展的"桥见贵州"研学专区,受到广泛赞誉。"山地英雄汇·桥见未来"研学项目在东盟国际周期间,坝陵河桥梁博物馆先后接待30余位国际政要,正在申报成为"中国-东盟国际青少年研学交流中心"。

花江峡谷大桥

花江峡谷大桥是六安高速的控制性工程,"横竖都是世界第一",是稀缺的世界级桥梁资源。花江峡谷大桥旅游景区中心景区规划面积约258亩,由三个部分组成:云渡服务区(占地约166亩)、贞丰岸桥塔(占地约18亩)和锚碇区域研学基地(预留用地约74亩),3个区域通过3.9千米联络线(7.5 m宽)连接,形成功能互补的整体。另外,将锚碇区域研学基地和地方道路相连,使中心景区可以和周边旅游资源互联互通,带动片区旅游产业发展。

服务区业态定位明确。云渡服务区除具备综合服务楼、加油站及停车场等高速公路服务区的基本功能外,还布局了餐饮、购物、亲子娱乐、展厅、星空露营、度假酒店等旅游功能,围绕旅游六要素(吃、住、行、游、购、娱)形成差异化组合,创造业态丰富、互

利共生的商业环境。服务区还引入智慧服务系统、绿色建筑、海绵系统等，将云渡服务区打造成一个绿色环保的智慧服务区和旅游综合体。

桥上旅游业态丰富。分为观光项目和极限运动项目两大类，其中观光项目包括观光电梯、塔顶观星水吧、桁梁内部景观文化长廊、距离水面最高处的玻璃观光大厅。极限运动项目包括利用钢桁梁外侧的水平稳定板开展高空竞速运动；利用贞丰岸引桥开展空中漫步和高空网阵项目；利用贞丰岸的重力式锚碇，开展不同难度的（垂直、正角度和负角度）攀岩运动；利用主桥钢桁梁设置蹦极之王、极限秋千、高空扁带、齐头并进、步步惊心、轨道滑索等运动项目，使之成为联结贞丰岸与关岭岸的一条充满刺激与乐趣的通道。

大桥建设与旅游融合高标准谋划推进。在不影响大桥主体工程建设质量、安全、工期前提下，统筹好桥旅融合项目的建设时序；大桥在设计阶段已充分考虑后期桥旅融合的需求，借助风洞实验、仿真验算等方式确保大桥和桥上各项旅游设施的安全；施工时预埋了旅游设施的结构预埋件，做到安全可靠。主题定位明确。以花江峡谷大桥和花江大峡谷自然风光为依托，以"中国脊梁 + 三叠纪古海洋"为主题，以"中国脊梁"为核心元素，展示桥梁在交通发展中的重要性，体现贵州人民攻坚克难的大国工匠精神；同时，与地域文化结合，展示贵州西南部三叠纪古海洋的遗迹与元素，致力于打造承载科技、文化、历史和自然多元素相融合的旅游景区，充分汲取其他项目建设的经验教训，结合自身特点进行精心打造，同时满足道路基本服务功能和旅游要素保障。编制中心景区规划。组织编制花江峡谷大桥桥旅融合中心景区规划，2023年7月进行征求意见，11月9日召开专家咨询会，12月完成修改，2024年1月12日通过专家评审。连接地方交通，带动当地发展。为了充分实现与地方旅游及经济发展的融合发展，施工图设计阶段增设了一处匝道收费站、一条3.9千米长7.5米宽的场内联络线及一处大型备用停车场，将服务区、桥塔和贞丰岸锚碇区域串联成一个整体。从贞丰岸锚碇至小花江村13千米，车程约半小时，实现了高速公路与地方资源互联互通。全线通车后，六安高速将成为连接黄果树瀑布景区与贞丰双乳峰景区和安龙招堤景区最便捷的通道。

以"桥"为核努力打造3.0版桥旅融合项目，先期开展招商摸底，多种运营模式策划。探索形成桥旅融合发展3.0版本，不做"浅融合"，运营策划兼容社会效益与经济效益。以"花江峡谷大桥"为核心规划运营业态，依托"世界第一高桥"这一世界级IP，策划分为酷玩体育、民宿、酒店、研学教育、专业表演活动等业态板块开展专业招商合作对接，与多家机构（贵州酒店集团、贵州体育产业发展公司、海上力盛赛车公司、贵州匠庐民宿、携程度假农庄等）进行了对接，并拟采取"自投自营、自投他营和他投他营"的经营模式共同发展。

多彩贵州，万桥飞架　贵州省交通运输厅/供图

贵州·中国桥梁博物馆

桥梁是人类最杰出的建筑样式之一，闻名遐迩的美国旧金山金门大桥、澳大利亚悉尼港桥、英国伦敦桥、日本明石海峡大桥、中国上海杨浦大桥、南京长江二桥、香港青马大桥、贵州平塘大桥、坝陵河大桥等著名大桥都是一件件宝贵的空间艺术品，成为陆地、江河、海洋和天空的景观，成为城市标志性建筑。

桥梁的发展历经几千年，一座座桥梁的建设，实现了天堑的跨越，缩短了时间与空间的距离，促进了人类的文明互通，推动了经济和社会的发展，为人类带来了美好生活。每一座桥梁都是人类智慧与勇气的结晶，展现了人类勇往直前、挑战自我、追求卓越的精神。

贵州，山高谷深、沟壑纵横，92.5%的面积为山地和丘陵。贵州的路、桥，藏在山中。从秦开"五尺道"到汉通"西南夷"，至明代奢香夫人建驿道，再到如今的逢山开路、遇水架桥，贵州的道路开凿历经千年，每一次都是对交通艰难发展的诉说。"山无径迹，泽无桥梁，不相往来"已成为历史。万桥飞架，天堑变通途，道路的畅通也为贵州人民带来

了美好生活。为跨越天堑,贵州在近126万个山头建造了3.2万座桥梁。贵州桥梁数量之多、种类之全、技术之精,使得这17.6万平方千米的黔地成为一座名副其实的"桥梁博物馆"。

因此,在贵州建设一座代表中国、对标世界的桥梁博物馆+桥梁室外互动主题园区时至势成。

规划博物馆及主题园区拟占地约300亩,选址位于贵州省贵阳环城高速公路扩容项目天河潭服务区,紧邻大数据科创城核心区和天河潭景区。拟选用地周边配套有城市主干道、地铁S1号线(在建)、环城快铁以及南环高速,距离贵安高铁站8.5千米,距天河潭景区大门、地铁天河潭站1千米,区位条件优越,交通便捷,与服务区共建。场区内地形起伏,风景优美,可因地制宜进行打造。

桥梁博物馆将以实物藏品、微缩场景、实体模型、科普图文、数字媒体、互动体验、艺术作品等形式,激发游客的参观欲和好奇心,展现桥梁发展、桥梁成就、桥梁文化和桥梁精神。

附录　贵州桥梁发展大事记

横跨江河的桥梁，在某种意义上可以说，打破了时间和空间带来的桎梏。

在贵州这座喀斯特山地大省，人们对桥梁的需求尤为强烈。座座崛起的大桥缩短着通达时间，改变着山区封闭面貌，拉近人与人的距离。曾经的崇山峻岭不再是阻碍，路、桥串联俨然成为一道景观。

纵观贵州桥梁史，那些保存至今的古桥，总与那个时代的大人物有着千丝万缕的联系，一座桥梁史，也是串联起贵州人物志的一丝线索。

南宋至清代

南宋中期播州（今遵义）安抚使杨粲主持修建的普济桥，是贵州有文字记录最早的桥梁，这座单孔弧形石拱桥历经元代扩建、明代水毁又复建，在1985年被列入贵州省文物保护单位。

明初代袭贵州宣慰使的奢香夫人，凿山开道，广修驿道，先后沟通了川、滇、黔三省交通。同时她也将建桥视为勤政典范，史料中才有其修建"水西十桥"记载。明洪武二十一年（1388年），在织金县城贯城河上建"奢香桥"，此桥还因景观风貌而得名"月华桥"。

明永乐十四年（1416年），戍守贵州"三大雄关"之一七星关的毕节卫佥事秦光，在六冲河上建七星关铁索浮桥"应星桥"，建桥时的摩崖石刻、碑记记录着这段通达商贸的辉煌往事。

独山县深河桥，最早修建于明隆庆五年（1571年），它在1944年悲壮地倒塌，后重建。

明代平越人葛镜捐修的葛镜桥，前后三十年筑桥，历经两毁三建。这座在绝壁上起拱的三孔石拱桥，历经400多年仍坚固如初，被著名桥梁专家茅以升誉之为"西南桥梁之冠"。

位于南明河上的浮玉桥、镇远潕阳河上的祝圣桥，至今都是游客们拥趸的绝佳景观。

这两座在万历年间建成、开工的石桥，不但有着通连两岸的功用，更有着对山水景致的点睛之妙。明万历二十五年（1597年），贵州巡抚江东之，在南明河钟鳌矶石为基，修九孔"浮玉桥"连接两岸，又在桥上以"科甲挺秀、人才辈出"之希冀，修建甲秀楼。虽城市建设需要填埋了九孔桥其中两孔，并不改石桥秀美。明万历三十七年（1609年），镇远祝圣桥开工建设。这座长达135米，由青石砌成的石桥因横跨㵲阳河，又称"㵲溪桥"，后因为清康熙皇帝祝寿而改为"祝圣桥"。石桥修建不易，后因水毁几度重建，清雍正元年（1723年）复修建成，因此保有明代桥墩、清代桥身的遗迹。桥上端坐的"魁星楼"，可眺望道、佛、儒三教共存的青龙洞与㵲阳河，与之共同全国重点文物保护单位镇远青龙洞古建筑群的重要组成部分。

云贵交界之处的北盘江山高谷深地势险要，有"黔滇冲危界"之称。明崇祯三年（1630年），安普监军副使朱家民，完成在盘江铁索桥的修建。这座贵州第一的铁索桥在建成后，成为黔滇驿道上的重要关隘，世称"滇黔锁钥"。也因其重要性和雄伟景观，成为历朝文人名士争相赞誉的盛景。盘江铁索桥后因兵乱、水灾等历经多次修建。1936年铁桥改造为可汽车通行的钢索悬桥，成为抗日战争大后方转运滇缅公路上援华物资的重要战略设施。

重安江铁索桥修建于清同治十二年（1873年），时任贵州提督的湘人周达武（又名周渭臣）平乱，路经此地遇发洪水，随后筹资建造了这座铁索桥。锻铸铁索时，因施加特殊工艺，桥索铁链至今仍光滑锃亮不锈蚀，桥台百年不垮塌。

清咸丰元年（1851年）正月，遵义城区丰乐桥开工，同年冬月竣工，此桥因红军曾经走过，后在1966年改名为迎红桥。

清光绪九年（1883年）黎平地坪风雨桥建成。这座运用杠杆力学原理、全杉木穿榫构成的侗族建筑艺术精品，2001年被列为全国重点文物保护单位。

崇山险峻，贵州建桥历来不易，诸多桥梁都历经数十载修建方得成功，其中不乏如花江铁索桥之类艰难施工之例。位于安顺与贞丰县交界处的花江铁索桥从清光绪十二年（1886年）开始修道，地易三址、三建两毁，至光绪二十六年（1900年）才建成。

中华民国时期

中华民国时期，贵州的桥梁修筑较为频繁。这些桥梁见证历史，也参与到历史变迁之中。

1937年6月，国民政府成立重安江、施秉、盘江三处桥梁工程处，三处桥梁修建相继开工。次年，施秉河穿式木桁桥通车。这座桥后又在1941年改建为钢桁构桥。

1939年国民政府西南公路运输局成立乌江桥梁工程处，乌江铁架桥同年3月开工，1941年竣工。此桥为民国时期修建的最大钢桁梁桥。

1939年5月，由盘江铁索桥改建的钢桁构桥通车，此后这座大桥遭日军飞机多次炸毁，又多次修复。1942年钢索桥修复通车。同年7月大桥备用桥——钢索吊桥建成。同年，由著名桥梁专家茅以升勘察设计的重安江桥钢桁构桥正式通车。这座桥为中国人民抗日战争作出了巨大贡献。

中华人民共和国成立以来（1949年—2024年4月）

1949年

11月，贵阳市军事管制委员会支前司令部交通处设立桥梁抢修委员会，负责抢修黔川、黔滇、黔湘、黔桂公路被破坏的20余座桥梁。

12月，黔川线乌江桥及其余被破坏的桥梁恢复工程陆续开工，次年全部完工。

1955年

12月，黔滇线盘江桥增置加劲桁架工程开工，次年完工。

1957年

1月，贵州第一座钢索吊桥——鸭池河钢索吊桥开工建设，次年7月1日通车。

1958年

交通部部属第一工程局第一、第二工程处1958年成建制转战贵州，从事公路、桥梁、隧道建设，累计建成各种等级的公路超过7000千米、桥梁和隧道1200余座，为贵州省公路工程集团有限公司前身。

交通部公路总局设计局第一分局（院）下放到贵州，与贵州省交通厅设计处及直属一测设队合并成立贵州省交通规划勘察设计研究院，为贵州省交通规划勘察设计研究院股份有限公司（勘设股份）前身。

11月，贵阳松柏山大桥开工修建，1960年底竣工，是当时贵州省修建的第一座大跨径桥梁。

是年，贵州第一次修建钢筋混凝土梁桥——平塘桥。

1959 年

11 月，贵州省交通厅成立贵州省交通厅桥梁工程队。从此，贵州有了第一支专业的桥梁施工队伍，为贵州桥梁建设集团有限责任公司前身。

1960 年

3 月，国内率先使用三木架修建的花江桥开工，次年 12 月完工。

1963 年

12 月，贵州第一座钢梁＋钢筋混凝土联合桥梁——天桥开工建设，次年 11 月竣工。

12 月，川黔线蒙渡大桥破土动工，首次采用自制钢拱架施工，1965 年 6 月竣工。该桥时为贵州最大跨径石拱桥。

1965 年

7 月，川黔铁路乌江大桥通车。

1966 年

2 月，贵州第一座乱石拱桥——贵西桥开工修建，6 月完工。

2 月，贵州首次采用混凝土悬砌技术施工的拱桥——台江展架大桥开工，1968 年完工。

3 月，贵昆铁路天生桥段北盘江大桥通车。

1968 年

1 月，贵州第一座引进的双曲拱桥、国内率先使用无支架缆索吊装技术工艺施工的边外河桥建成。

12 月，长 107 米的双曲拱桥——开阳洛旺河大桥开工，次年 10 月竣工。

1969 年

12 月，川黔线新建乌江桥开工，1973 年建成。

1973 年

2 月，贵州第一座超 100 米钢筋混凝箱形结构拱桥——余庆县乌江回龙大桥（又名大

乌江桥）开工，1976年通车，当时排全国同类桥型第三。

1974 年

10月，长124米双曲拱桥晴隆盘江大桥竣工。

年底 贵州首座桁架拱桥——都匀市南大桥开工，1978年完工。

1975 年

12月，扁壳式拱桥——三都红星扁壳桥开工，1977年竣工。

1976 年

8月，贵州民办公助修建的最大双曲拱桥——角木塘桥开工，次年竣工。该桥跨径达90米。

11月，时为贵州最长的钢筋混凝土箱形拱桥——榕江桥开工，全桥长543米，1979年竣工。

1977 年

6月，贵州最大跨径石拱桥——落脚河桥开工，主拱最大跨径70米，1980年竣工。

1978 年

2月，赤水大桥开工，1980年通车。该桥获贵州省优秀设计奖和国家优秀设计银奖。

1979 年

8月，20世纪70年代国内最长的铁路双曲拱桥——贵阳枢纽南环线花溪铁路桥通车，桥长381.22米。1988年该桥被选作当年国库券拾元票面图案。

是年 贵州首次采用转体技术施工的鲤鱼塘双曲拱桥开工，1981年竣工，1984年获交通部优秀设计奖，1985年获国家科技进步三等奖。

1980 年

4月，贵州第一座箱梁型预应力连续梁、多点顶推法施工的试验桥——惠水卧龙桥开工，1982年竣工。

5月，忠信—山岩线新型悬臂桁架拱试验桥——长岩桥（道真县境）开工，次年10月建成。获 1984 年国家建设委员会优秀设计奖。

10 月，贵州第一座石肋双曲拱桥——贵定县洛北河桥开工，次年 7 月竣工。

1983 年

1 月，贵州省首创的预应力析式组合桥——剑河桥开工，1985 年竣工。该桥 1985 年获贵州省科技成果一等奖、交通部和国家科委科技成果二等奖。

是年，贵州第一座钢架拱桥——新安桥开工，当年完工。

1984 年

4 月，石砌肋板平纹拱桥——平塘打密河桥建成。

1986 年

贵州省公路重点工程建设指挥部办公室成立，为贵州高速公路集团有限公司前身。

1987 年

1 月，思南乌江大桥竣工，乌江思南渡口的轮渡成为历史。

4 月，贵州桥梁工程总公司首次使用扣件式钢管满堂支架现浇主拱圈的大桥——贵阳市西南环线公路小寨桥竣工。

1988 年

6 月，贵阳市第一座立交桥——艺校立交桥开工建设，1990 年 12 月竣工。

同年，江界河大桥引道工程开工，1990 年完工。获 1993 年国家级优秀工程铜奖。

1995 年，江界河大桥竣工通车，1996 年获国家科技进步二等奖、中国土木工程詹天佑奖，入围中国十佳桥梁，1998 年获交通部全国公路优质工程一等奖。

1991 年

3 月，红枫湖花鱼洞大桥通车。

12 月，珠海泥湾门大桥开工，1993 年竣工。标志贵州桥梁建设正式走向省外。

1992 年

贵州省公路桥梁工程总公司成立，为贵州路桥集团有限公司前身。

1993 年

4 月，南昆铁路贵州段第一座大桥——干沟大桥主体竣工。

10 月，南盘江大桥开工，1998 年竣工。

1994 年

9 月，广东省南海三山西大桥竣工。该桥创新的吊桥式缆索吊装施工工法获 1997 年贵州省科学技术进步二等奖。

1995 年

2 月，世界第一座 PFC 吊拉组合预应力索桥——贵遵高等级公路乌江大桥开工建设，1997 年竣工。获 1999 年度贵州省科学技术进步一等奖。

1996 年

12 月 26 日，重庆黄花园大桥开工建设，1998 年竣工。该桥采用当时国内最先进的挂篮施工技术，获 2002 年建设部市政工程金杯奖和全国环保百家示范工程。

1997 年

8 月，南昆铁路清水河大桥建成，为国内铁路桥梁首座预应力混凝土连续刚构桥。获 1998 年中国铁路工程总公司科技进步一等奖、2000 年国家中国建设工程鲁班奖。

10 月，贵阳市水口寺南明河大桥通车。

1998 年

7 月，广州丫髻沙大桥开工，1999 年 10 月主拱成功合龙，2000 年 6 月竣工。大桥平转转体每侧重量达 13685 吨，当时为国内第一、世界第二，标志贵州桥梁转体施工技术达到国内领先水平。

11 月，主跨跨度 240 米的加劲钢梁悬索桥——南盘江大桥竣工通车。

1999 年

11 月，六广河大桥开工，2001 年竣工，最高墩达 90 米，建成时为国内同类型公路桥梁之最。

10月，观音阁大桥竣工，该桥长1948.19米，主跨跨度145米，时为贵州省内最长的公路桥。

2000年

12月，落脚河大桥通车。该桥是贵州省内高等级公路第一座预应力钢筋混凝土加劲板梁悬索桥。

2001年

1月，水城至柏果铁路上北盘江大桥主体钢管转体合龙。该桥建成时为世界上跨度最大的上承提篮式钢管混凝土铁路拱桥。获2003年度中国建设工程鲁班奖、第四届中国土木工程詹天佑奖、2004年国家优秀工程设计银奖、2005年国家科技进步二等奖。

3月，关兴高等级公路北盘江大桥开工，2003年底通车，时为世界最高桥梁之一。该桥通车后，汽车通过该地段从原来40分钟缩短为1分钟。

10月，黔西境内的西溪河大桥通车。

2002年

2月，贵州第一座不对称独塔双索面预应力混凝土斜拉桥——清镇至镇宁高速公路红枫湖大桥开工。2004年竣工。

5月，内昆铁路李子沟特大桥通车，获2003年铁道部科技进步一等奖、2003年铁道部优秀设计二等奖、2004年国家优秀工程设计铜奖。

2003年

2月，三凯高速公路凯里大桥开工，2006年10月通车，时为贵州省内高速公路桥梁跨度最大的连续刚构桥。

12月贵阳市中心环北线小关水库铁路大桥通车。

2005年

4月，镇胜高速公路坝陵河大桥开工，2009年12月通车。建成时为国内第一、世界第六的大跨径钢桁梁悬索桥。获2016—2017年度中国建设工程鲁班奖。

2006 年

5 月，贵州省首座预应力混凝双塔索面斜拉桥——汕昆高速公路板坝至江底段马岭河大桥开工，2009 年 10 月通车。

2008 年

1 月，务川至重庆彭水高速公路珍珠大桥通车。建成时该桥创国内桥梁建设史上两项纪录：一是转体桥梁重量之最，二是转体角度之最。其中负角度竖转施工工艺为国内首创。

2009 年

8 月，水盘高速公路北盘江大桥开工，2013 年 8 月通车。该桥为世界首创预应力混凝土空腹（斜腿）式连续刚构桥，跨度时为亚洲第一。获 2016—2017 年度中国建设工程鲁班奖、第十四届中国土木工程天佑奖、2016—2017 年度李春奖。

2010 年

6 月，毕威高速公路赫章大桥开工，2013 年合龙。该桥建成后，毕节至威宁行车时间从原来的 4 小时缩短到 1.5 小时。该桥 11 号主墩高达 195 米，不仅在中国同类桥型中排在首位，在亚洲也是排名榜首。

7 月，黔织高速公路六冲河大桥开工，2012 年合龙，2013 年通车。该桥在国内首次实现应用机制沙配制 C60 混凝土技术和超高压爬模施工技术突破。

2012 年

6 月，毕都高速公路总溪河大桥开工，2015 年竣工。该桥施工中取得六项创新成果，获 2017 年李春奖。

9 月，毕都高速公路抵母河大桥开工，2015 年通车。

2013 年

8 月，贵瓮高速公路清水河大桥开工，2015 年 9 月主体合龙，2015 年 12 月底正式通车。贵州省县县通高速公路通车典礼于 2015 年 12 月 31 日在该桥举行。该桥为世界最大跨度板桁结合加劲梁悬索桥，施工中创新研发了千米级大吨位缆索吊成套技术，为解决山区千米级悬索桥加劲梁大吨位节段整体吊装提供了技术支撑。

是年，贵州交通建设集团有限公司成立。世界前100座高桥有近一半在贵州，其中有23座为贵州交建集团桥梁建造技术团队修建而成。

9月，毕都高速公路北盘江大桥开工，2016年底通车。该桥多项科技成果填补国内、国际桥梁建设领域空白。获2017年中国公路学会科学技术特等奖、2018年第35届国际桥梁大会（IBC）古斯塔夫·林德撒尔奖、2019年度菲迪克特别优秀奖等诸多奖项，并获吉尼斯世界纪录"世界最高桥"认证。

2014年

12月，贵黔高速公路鸭池河大桥开工，2016年通车。桥面距水面高434米，主跨跨度800米，该桥建成时为世界最大跨径的钢桁梁斜拉桥，是世界山区斜拉桥之最，2018年第35届国际桥梁大会荣获国际桥梁大会（IBC）古斯塔夫·林德撒尔奖。

12月，兰海高速公路遵义至贵阳段楠木渡江大桥开工，是贵州桥面最宽的双塔双索面混凝土斜拉桥，2018年通车。

2015年

5月，贵开铁路南江特大桥通车。

5月，香火岩大桥开工，2018年1月通车。该桥是贵州首座自主设计、自主建造的钢管混凝土结构拱桥。获2019年中国钢结构金奖。

12月，林织铁路纳界河特大桥通车，获2017—2018年度中国建设工程鲁班奖、2018年度中国铁道学会科学技术二等奖、2019年度中国交通运输协会科学技术二等奖。

2016年

4月，平塘大桥开工，2019年底正式营运通车，该桥桥塔最高332米，为世界第一高混凝土桥塔。

6月，世界上山区最大跨径的上承式钢管混凝拱桥——平罗高速公路大小井大桥开工，2019年完工。该桥是由贵州企业完全自主建设的第一座世界级大桥。

9月，国道G211线沙坨特大桥开工，2019年12月完工。该桥主跨跨度240米，首创"黔式挂篮"设计理念，为全国同类桥型桥梁跨径第一，世界第二大跨度悬浇拱。

12月，沪昆高速铁路北盘江特大桥通车，是世界最大跨度的铁路混凝土拱桥，获2019年中国铁路工程总公司科学技术特等奖、2017—2018年度国家铁路局铁路优秀工程设计一等奖、铁路优质工程奖、2019年施工企业协会国家优质工程奖。

2017 年

5月，江习古高速公路赤水河红军大桥开工，2020年1月正式通车。该桥主跨跨度1200米，主塔高243.5米，建成时为世界山区最大跨径（同类型桥梁中塔高世界第一、跨径第二）悬索桥，标志着贵州省山区悬索桥建造水平再上新台阶。

2018 年

1月，渝贵铁路夜郎河大桥通车。该桥为国内同类桥梁跨度第一。

是日，渝贵铁路朝门乌江大桥通车。

8月，主拱圈首次使用悬臂浇筑施工技术的夜郎湖大桥通车。该桥位列世界同类拱箱结构已建成的桥梁第一。

10月，六威高速公路李子沟大桥右幅合龙，2018年底通车。

2019 年

1月，三施高速公路江凯河大桥通车。

5月，贵州省内第一座双塔中央索面斜拉桥铜怀高速公路锦江大桥通车。

6月，全国山区高速公路最长大桥紫望高速公路火花大桥通车，该桥桥墩330座，总长度14000米，60米以上高墩46座。

12月，世界上首次在拱桥上采用钢——混凝土组合桁架结构桥，成贵铁路鸭池河大桥通车。

12月，平罗高速公路跨越槽渡河大峡谷平塘大桥通车。2021年获得国际桥梁大会（IBC）古斯塔夫·林德撒尔奖、国际咨询工程师联合会（FIDIC）全球工程项目杰出奖，2022年获国际桥梁与结构工程协会（IABSE）最佳基础设施奖，实现国际桥梁工程项目大满贯。还荣获2022—2023年度第一批中国建设工程鲁班奖，首届"桥梁工程创新奖"一等奖。

2020 年

4月，"H"形索塔高度世界第一的都安高速公路云雾大桥主塔成功封顶。

8月，贵州首创采用劲性骨架底板混凝土吊装形成主拱圈技术施工的国道G352线格林至大院子公路渔塘大桥竣工。

9月，中国首例主塔中横梁采用装配式预制吊装工艺施工的兴义环城高速公路峰林大桥顺利实现合龙。

2021年

6月，新花鱼洞大桥通车，成为贵州首座"提篮"式公路拱桥。全国首创"边拆边建"的改建方式，成为实现"水源零污染、景区零干扰、废料全利用"，成为山区桥梁建设典范。2022年获得国际桥梁大会（IBC）古斯塔夫·林德撒尔奖，中国公路学会"桥梁工程创新奖"一等奖，中国公路勘察设计协会二等奖。

2022年

8月，黔南州龙里县的龙里河大桥顺利合龙。大桥是世界首座高山峡谷景观桥。通车后，从贵阳到龙里大草原的车程从一个半小时缩短到半小时。

12月，仁遵高速公路大发渠特大桥通车。整座桥重量超过世界最大跨径钢管混凝土拱桥的大小井大桥，是目前已建成同类型桥梁宽度第一的大桥。

2023年

获中国建设工程鲁班奖1项（平罗高速公路平塘大桥）。

获国家优质工程奖1项（平罗高速公路大小井大桥）。

2024年

4月，龙里河大桥建成通车。大桥全长1260米，主桥及塔柱设计有观光旅游玻璃步道、全景观光电梯等旅游设施，是一座兼具旅游和交通功能的大桥。

同月，纳晴高速公路牂牁江大桥顺利合龙。大桥全长1849米，主跨1080米，桥面至江面最高距离380米，目前在世界上百座高桥中排名第11位。

参考文献

范同寿，2008.贵州历史笔记［M］.贵阳：贵州人民出版社.

葛诗畅，葛永罡，2016.葛镜桥古今探索记［M］.贵阳：贵州人民出版社.

贵州省交通运输厅，贵州省地方志编委办，贵州省发改委，2021.贵州桥梁志［M］.贵阳：贵州人民出版社.

贵州省作家协会，2021.历史的丰碑·贵州省卷［M］.贵阳：贵州大学出版社.

何仁仲，2003.贵州通史［M］.北京：当代中国出版社.

何于明，彭远森，2015.贵州旅游文化集萃·贵州卷［M］.贵阳：贵州民族出版社.

交通运输部，2019.中国桥谱［M］.北京：人民交通出版社股份有限公司.

潘灵，段平，2020.贵州时速［M］.贵阳：贵州人民出版社.

项海帆，2009.中国桥梁史纲［M］.上海：同济大学出版社.

钟法权，2021.人间飞虹［M］.贵阳：贵州大学出版社.

山水间的人类奇迹（纪录片）［Z/OL］.东方卫视、贵州卫视联合摄制.2023年。

越山河（纪录片）［Z/OL］.中央电视台纪录频道.2024年。

后 记

为深入学习贯彻习近平文化思想，致力于打造习近平文化思想生动实践地作出社科领域积极贡献，按照《贵州省"十四五"时期哲学社会科学发展规划》"要推出一系列内容新颖、形式多样、群众喜闻乐见的科普活动，策划出版系列社会科学普及读物，打造有特色的贵州社科普及品牌"的要求，落实《贵州省"十四五"时期社会科学普及发展规划》"实施社科普及读物编写工程，编写贵州特色文化通俗精品读物"的任务，贵州省社会科学界联合会进行选题比较、排兵布阵、精心筹备，启动社科普及读本《多彩贵州桥》的编撰工作。

为保证编撰出版工作的顺利推进，贵州省社会科学界联合会与贵州省交通运输厅商议，明确了编撰宗旨和指导思想，研究确定了《多彩贵州桥》社科普及读本的内容框架，形成了编写出版工作的基本思路，成立了编委会。明确由贵州日报报业集团（现贵州日报报刊社）原副总编辑、二级教授、高级编辑、国务院特殊津贴专家、贵州省省管专家张兴，贵州省交通宣传教育中心主任、贵州省青年文化学会会长萧子静，贵州日报报刊社编辑张谌组成编写组，进行编写。

通过编委会、编写组以及出版社的共同努力，《多彩贵州桥》社科普及读本完稿付梓。读本的编撰还得到贵州省文化和旅游厅、贵州省公路局、贵州交通职业技术学院、贵州高速公路集团有限公司、贵州铁路投资集团有限责任公司、贵州交通建设集团有限公司、贵州省公路开发集团有限公司等单位的大力支持，他们分别组织力量提供相关文字、图片，参加编辑校对。省内外多名摄影家积极提供精美图片，让本书图文并茂。贵州科技出版社编辑严谨认真、不辞辛劳，使本书的编辑出版顺利圆满。在此，一并深表谢忱。

《多彩贵州桥》社科普及读本是"实施社科普及读物编写工程"的重要组成部分，是贵州省社会科学界联合会打造"有特色的贵州社科普及品牌"的成果之一。由于时间较

后 记

紧、水平有限，书中内容难以做到面面俱到，疏漏难免，敬请大家提出宝贵意见。我们希望，《多彩贵州桥》社科普及读本的出版，能够对加强社科普及传播力，提升全省公民人文社科素养产生积极影响。

编著者

2024 年 5 月